白老における「アイヌ民族」の変容

イオマンテにみる神官機能の系譜

西谷内博美

東信堂

はしがき

　アイヌ民族の話をする前に、多くの読者にとってより身近なネイション、ここでは日本人について少し考えてみたいと思います。わたくしごとになりますが、筆者がナショナル・アイデンティティ（あるいは民族アイデンティティ）を初めて強く意識したのは10代でオーストラリアに留学したときでした。その頃のシドニーは差別意識が強く頻繁に敵意を向けられました。たとえば、フェリー乗り場でおじいさんに連れられた愛らしい幼児に「日本に帰れ」と言ってポップコーンを投げつけられたり、電車の中で女子高生の集団に罵倒されてリンゴの食べかすを投げつけられたりといったふうに。そのように、一人の人間である前に所属集団によって判断される経験の多くあったことが、自身の帰属について考えるきっかけとなりました。わたしという人間は、その多くが見たことも会ったこともない多くの人たちからなる「日本人」の一員であり、それら見知らぬ「同胞」とある種の運命を共有する存在なのだと。

　しかし、筆者は何ゆえに日本人集団に所属しているといえるのでしょうか。そもそも「日本人」とはどのようなまとまりのことでしょうか？日本人集団のような国民共同体のことを「ネイション nation」といいます。ネイション研究においてネイションとは、別様ではありえない宿命的な共同体なのではなく、歴史的につくられた構造物と説明されます。すなわちネイションとは、古代から脈々と引き継がれてきた何らかのエッセンス（○○人らしさ）を生得的に備えた者たちの集まりなのではなく、「国家」が重要な役割を果たすようになった近代において大きな一つの共同体として創造されたものなのです。それにもかかわらず、ネイションはしばしば古代から脈々と引き継がれてきた普遍的なもののように感じられ、ゆえに場合によっては命を投げ捨てられるほどの原初的な愛着を人々に引き起こすものです。

　命を投げ捨てるほどかは別として、筆者も日本人集団、あるいは日本社会

に「原初的な」愛着を抱いています。筆者は 20 代の頃にはアメリカ社会で学業や就業をし、アメリカ社会にも共感し愛着を抱いていました。それでもピルグリム・ファーザーズや独立宣言や南北戦争といった「アメリカ人の歴史」に連なっている感覚はまったくありませんでした。他方、神話から始まるいわゆる「日本人の歴史」には連なっているように感じられました。「日本人の歴史」に責任を持ち、またそれを形成する者という意識を、――緩やかではありますが他のネイションへの思い入れと比較すると明確に強く――もっていたことに気付きました。おそらく読者のみなさんも、他のネイションへの思い入れと比較してみると、自身が日本、あるいは特定のネイションに「原初的な」愛着を有していることに気付かれるのではないでしょうか。

　さて、「国民」と「民族」は近接した概念であり、英語ではどちらも「ネイション nation」です。どちらも「国民国家」という近代的な社会制度と関係が深く、人間社会が歴史的に構築してきた想像上の共同体だと考えられています。あるいは雑多な世界を理解しやすくするための分類枠組み（カテゴリー）とも説明されます。「日本人」の場合と同様「アイヌ民族」も、古代から脈々と引き継がれてきた何らかのエッセンス（アイヌ民族らしさ）を生得的に備えた者たちの集まりではなく、近代において作られた想像上の共同体です。言い換えると、「アイヌ民族」のエッセンスは、古代から引き継がれてきた生物学的あるいは文化的特徴なのではなく、その時々を生きる者たちの集合的な思い入れなのです。

　これまでのアイヌ研究においては、「アイヌ民族」をこのように想像の共同体やカテゴリーなどと捉える構築主義的な分析があまりなされてきませんでした。それゆえに、「アイヌ民族」を古代から引き継がれてきた生物学的あるいは文化的特徴の側面から捉えようとする従来の傾向が払しょくされず、集合的な思い入れとしての「アイヌ民族」のすがたを明示的に提示することができてこなかったように思われます。結果として、アイヌと和人の客観的な差異が激減する近現代のアイヌの人々の、主観的な民族アイデンティティと社会の承認のギャップを埋めるための十分な理論的下支えを提供できずに

いるように思われます。

　このような言い方が適切であるかわからないのですが、わたしは（北海道在住の）アイヌの方々にお会いすると、懐かしい北海道の人たち、という印象を受けます。独特のイントネーションと醸し出す雰囲気、山菜取りの話題が多いことなども、北海道の親戚や知人（和人）とよく似ています。暮らし方も、寒冷地の北海道らしい家のつくりや住まい方です。そのように、アイヌの方からは、北海道の人の空気を感じることはあっても、異民族の空気を感じたことはほとんどありません。従来からの「民族」概念に依れば、北海道の人を「アイヌ民族」や「和人」という民族カテゴリーで分類することには何ら意味がないことのようにさえ思えてきます。

　ところが、その民族カテゴリーによる分類は驚くほど有効なのです。アイヌの方々は、しばしば何の躊躇もなく、和人とは異なる「アイヌ」としての自己意識を明確に表明します（だからここで「アイヌの方々」と呼んでいるわけですが）。精力的に文化伝承活動などを実践している人はもちろんのこと、「アイヌだけどアイヌ文化は知らない」「アイヌであることを意識することはあまりない」という人も、──生き方はどうあれ──まさに自身を「アイヌ民族」に連なる者と位置付けているわけです。そういう主観的な信念が一定量存在する限り、「アイヌ民族」という想像の共同体は存在し続けるし、すなわち北海道の人を「アイヌ民族」か「和人」かという民族カテゴリーで分類することは実に妥当なのです。本書では、このような視点から「アイヌ民族」を分析します。

　本書に登場するアイヌの主人公たちも、──筆者と同様──他者との関わりをきっかけとして民族アイデンティティを意識しはじめます。そして、その民族アイデンティティは、理性的な選択というよりも、情緒的・運命的な信念に基づいています。「アイヌ民族は消滅する」「アイヌ人はもういない」と言われても、自身が「和人の歴史」ではなく「アイヌ民族の歴史」に連なっているという感覚を理性によって変えることはできません。彼らは「アイヌ民族の歴史」にコミットする者たちであり、それが本書ではイオマンテ（祭

祀）というかたちで表出されます。（ちなみに、ここではアイヌの「日本人」ア
イデンティティについては触れていませんが、近現代のアイヌは「アイヌ民族」であ
ると同時に「日本人」でもあります）。

　本書を手に取ってくださったみなさんのなかには、これまでアイヌ民族に
ついてあまり見聞きしたことがない人もいると思います。よってアイヌ民族
のはなしを、何か特殊な遠いことのように思われるかもしれません。しか
し、本書が描き出そうとしている主人公たちの「アイヌ民族」へのこだわり
は、遠い見知らぬ世界のことではなく、若い頃の筆者のように自身の帰属が
クローズアップされる局面において誰もが多かれ少なかれ経験しうる感覚で
す。本書を通して、それぞれの時代の主人公のおかれたその時々の社会状況
を追体験し、自分事に置き換えて、彼らの「アイヌ民族」に対する「原初的
な」愛着について思いをはせていただけたら幸甚です。

目　次／白老における「アイヌ民族」の変容
——イオマンテにみる神官機能の系譜——

白老における「アイヌ民族」の変容
──イオマンテにみる神官機能の系譜──

序　章

1　本書の目的と方法

1　目的：断絶的歴史観から連続的歴史観へ

　アイヌ民族について皆さんはどのようなイメージをもっているだろうか？自然とともに森で暮らす勇敢な人々。同化政策によって伝統文化が衰退させられた。今はもう本当のアイヌはいないのでは？といった素朴な印象を目にしたり、耳にしたりする機会が多い。このような "かつて完全な民族集団であったアイヌ民族は、和人の政策や差別によって損なわれ、現在はなにか不完全なものとなってしまった" との考え方が比較的広く共有されているように思われる。本書では、アイヌ民族についてのこのような認識の問い直しを提案する。

　明治以降の同化主義によってアイヌ民族の伝統文化や誇りが傷つけられたとの認識は、歴史的に起きた出来事を忠実に反映していると思うし、その点については問い直しどころか継続的な反省が必要だと考えている。しかし、その時代のアイヌ民族の変化をみて、民族性が失われたとか、不完全なものとされてしまったと捉えることには違和感を覚える。同化主義時代以降においてもアイヌ民族は連続的に存在してきたし、その歴史は脈々と営まれている。本書はアイヌ民族に対する断絶的な歴史観に異を唱え、アイヌ民族の連続的な歴史を実証的に捉えようとするものである。

　アイヌ民族の歴史を断絶的なものから連続的なものへと捉えなおすにあた

り、社会学者ロジャース・ブルーベイカー（Rogers Brubaker）がいうところ
の民族認識についての「認知的転換（cognitive turn）」が必要となる。「民族」
を「世界に存在するもの（things in the world）」ではなく「世界についての見
方（things on the world）」と捉えなおすのである（Brubaker et al. 2004a, 2004b;
Brubaker 2002）。すなわち、アイヌ民族を客観的に存在する一つの社会集団
として捉えるのではなく、特定の考え方や活動が「アイヌ民族」というカテ
ゴリーで説明されること、そのようなものの見方が社会において共有されて
いることに注目することになる。便宜上、前者を実体的民族観、後者を認知
的民族観としておこう。

　認知的民族観に立てば、「完全なアイヌ民族」や「真正なアイヌ人」なる
ものがそもそもこの世界に――現在にも過去にも――存在するわけではない。
特定の経験や出来事が「アイヌ民族」というカテゴリーで認識されたり（あ
るいはされなかったり）、自己や他者を理解する際に「アイヌ民族」というカ
テゴリーが強く作用したり（しなかったり）すると考えるのである。だから
といってアイヌ民族がただの虚構というわけではない。「アイヌ民族」とい
うカテゴリーは「社会的対象についての社会的に共有された知識」（Brubaker
et al. 2004b: 269）であり、ゆえに「アイヌ民族」はまぎれもない社会的現実
である。このようにアイヌ民族を、あるいは一般のエスニシティ（およびネー
ションや人種）も含めて、存在論的現実ではなく、認識論的現実と捉えなお
すのである。

　このように、民族を存在論的現実ではなく認識論的現実としてみる構築主
義的な捉え方はエスニシティ研究において目新しいものではない。そのよ
うな考え方の先駆けといえる社会人類学者のフレドリック・バルト（Fredric
Barth）が、エスニック集団を特徴づけるものは文化的内容（cultural staff）
ではなく自他を分ける社会的境界（ethnic boundary）であると主張したのは
1969年である（Barth 1969）。その後も、エスニシティを関係性やプロセスと
いった視点から捉えようとする試みが検討・実践されてきたが、後述するよ
うに、アイヌ研究においてはそれが明示的には展開されてこなかったように

思われる。そこで本書は、「アイヌ民族」を「世界についての見方」と意識的に捉えなおすことで、「完全なアイヌ民族」が損なわれたとみる断絶的な歴史観から脱却し、「アイヌ民族」という集団概念はその内容を変化させながら連続的に存在し続けてきたとみる連続的歴史観へ転換することを目指す。

このように本書は、独自の文化や慣習をもっていた比較的閉鎖的・自律的なかつての社会集団（存在論的現実）を「完全なかたちの」アイヌ民族モデルと想定し、そこからの変化を論じるものではない。自己と他者を分かつ「アイヌ民族」というカテゴリー（認識論的現実）が、近代日本社会において当事者と他者によって共有され維持され続けてきたことに注目し、その変化を論じるものである。なお、本書では「アイヌの人々」という言い方をするが、それは「真正なアイヌ人」を意味するのではなく、自身の民族的帰属に関して、多かれ少なかれ「アイヌ民族」というカテゴリーを動員する人という意味で用いる。また、それ以外の日本人を便宜上「和人」とよぶ[1]。

2 位置づけ：新しい「民族」理解への試み

アイヌ民族の近現代史、すなわち明治以降のアイヌ民族について、これまで多くの先行研究によって明らかにされてきた。たとえば、包括的な歴史事象が時間軸に則して論じられたり（たとえば榎森進（2007）『アイヌ民族の歴史』）、何らかのテーマに限定して歴史事象が探求されたり（たとえば山田伸一（2011）『近代北海道とアイヌ民族』；小川正人（1997b）『近代アイヌ教育制度史研究』）、帰属意識や生活状況といった私的世界に焦点が当てられたり（たとえば小内透編による一連の「北海道アイヌ民族生活実態調査報告書」（2012a; 2012b; 2014; 2015）、歴史的不正義の是正に焦点が当てられたりと（たとえば貝澤耕一ほか編（2011）『アイヌ民族の復権』；ジョージナ・スティーブンス（2006）「国際人権規約と先住民族」）、貴重な先行研究が多く蓄積されている。

これら多くの先行研究によって、アイヌ民族の近現代はさまざまな角度から解明されてきた。ところが先述したように、「民族」概念についての認知的転換について、明示的な議論としては――前提として取り入れられている

場合は多々あるかもしれないが——あまり展開されていない。筆者の知る限り、松本和良・江川直子（2001）『アイヌ民族とエスニシティの社会学』において、エスニシティ研究やナショナリズム研究の蓄積がアイヌ民族と関連付けて整理されているのを見る程度である。反対に、アイヌ民族を客観的な実在集団と捉えていることがみてとれる実体的民族観は散見される。

　これまでの近現代を対象とするアイヌ研究においては、——「民族」概念の問い直しや転換よりも——アイヌの主体性の解明が、明示的に広く共有されてきた研究課題である。山田伸一は「近現代アイヌ史研究の現状と課題」を次のように指摘している。山田によると、近現代アイヌ史研究の視点は「政策史」と「アイヌ史」に大きく分けられる。「政策史」の視点はアイヌを北海道の開拓やアイヌ政策によって「一方的に何かをされる受け身の存在」として捉えるもの。それに対して「アイヌ史」の視点とは「自ら歴史を創り出し、切り開く主体としての〔アイヌの〕姿を捉える切り口」や「視点」のことである。両者は同時に視野に入れられるべき視点であるが、これまでの研究においては後者の「アイヌ史」の視点が、様々に試みられてきたにもかかわらず全体的にいまだ不十分であり、ゆえに目下の研究課題だという（山田2012: 2）。

　近年のアイヌ史研究の金字塔といえる榎森『アイヌ民族の歴史』についてもアイヌを捉える視点についての指摘がなされている。同書の書評を執筆した市毛幹幸は、「アイヌの歴史的主体性を重視」する榎森の記述方法は、特に近現代における差別克服や民族復権に関するアイヌの主体的動向の解明に成果を上げている。しかし、「アイヌの近現代史記述が政治的・社会的問題、闘いの歴史の文脈」に偏っており、かえってアイヌを「『政治的・社会的に差別される民族』に固定化することにはなりはしないだろうか」との危惧を示してもいる（市毛2007: 59）。実際、榎森は「アイヌ差別の歴史過程を探るという問題意識を基軸」に同書を執筆したということで（榎森2007: 13）、同書はあえてアイヌ民族の被差別者の側面に光が当てられた作品である。

　ただし同書に限らず、一般的にポストコロニアリズム以降の近現代を対象

とするアイヌ研究においては、アイヌ民族の被害者としての側面に焦点が当てられる傾向が強い。"和人の非道とアイヌ民族の苦難" はアイヌ研究において大変よくみられるモチーフである [2]。もちろん、そういった歴史的不正義の解明は重要な研究課題であり、それ自体は何ら問題ではない。問題なのは、市毛が指摘するように、「被害者」以外のアイヌ民族の側面に光が当たりにくくなってしまうことである。

　先述した山田伸一も、「近現代のアイヌ史をどう描くかという問い全体にかかわっている」大きな問題として類似の指摘をしている。これまでのアイヌ研究においては、「民族の権利を主張したり、歌や踊り、アイヌ語を学ぶ」といった民族継承に取り組む人をアイヌとして、アイヌの近代史を記述する傾向があり、非アイヌの日本人と同様に「農作業をし、学校に行き、戦地に赴きといった場面は、アイヌ近現代史から落としてしまいがち」だと問題提起する（山田 2012: 12）。

　このように、これまでのアイヌ研究においては、アイヌの主体性を重視するという研究課題が広く共有され、また一定程度の成果をあげてきた。しかし、近現代のアイヌ民族の捉え方にはいまだ課題が残されており、アイヌ民族を被害者に固定してしまったり、伝統とのかかわり以外のアイヌ民族の主体性を看過してしまったりする傾向がある。実は、そのどちらの捉え方も実体的民族観と――絶対的な対応関係ではないが――論理的な親和性が高い。

　アイヌ民族を実質的な社会集団と捉える実体的民族観に立つならば、そのモデルは、比較的閉鎖的・自律的なかたちで存在していた近世以前の地域共同体に求めることになる。そして、それ以降に和人との同化が進んだり、集団境界があいまいになったりしたアイヌ民族は、ある意味、不完全なものとみなされることになる。そして、その不完全さ（同化）を明確なかたちでもたらした歴史的不正義に目が向けられる。それがひいてはアイヌ民族を被害者に固定化する視線につながる。

　それに対して、そのときどきの「アイヌ民族」をめぐる現象に注目する新しい認知的民族観を採用すれば、近現代におけるアイヌ民族の変化を、必ず

しも過去の地域共同体を参照せずに捉えられるようになる。そうすれば、受動的・不本意な「同化」の側面だけではなく、能動的な「近代化」の側面がみえてくる。アイヌ民族の伝統的な社会や文化の衰退は、同化政策や差別といった政治的・社会的圧力に大きく影響されてきたと同時に、一般的な日本社会の近代化とも大いに連動しているのである。このような広い視野を獲得することで、被害者ではなく近代日本社会の担い手としての、ときには伝統から離れ行くアイヌの人々の主体性がより捉えやすくなるであろう。

　以上、アイヌ民族を被害者に固定してしまうこと、伝統とのかかわり以外のアイヌ民族の主体性を看過してしまうことといったアイヌ研究の行き詰まりは、どちらも実体的民族観の必然的な帰結というわけではないが、それとの論理的親和性が高い。実質的な社会集団を民族と想定する従来の実体的民族観では、文化的固有性や社会の凝集性が薄れゆく近現代のアイヌ民族を十全に捉えることができないのである。ゆえに、近現代におけるその時々の「アイヌ民族」という名を冠した現象を――必ずしも伝統を参照するのではなく――ありのままで完全な「民族」現象とみなしうる認知的民族観を意識的に採用することで、近現代を対象とするアイヌ研究に新しい可能性をもたらすことが期待できる。本書は、そのような試みの一つである。

　このように、「アイヌ民族」をカテゴリーとして扱うアプローチは、これまでのアイヌ研究において、――少なくとも明示的なかたちでは――あまり見られない。ところが、近年のアイヌ研究の傍流といえるアイヌ民族否定論がその視座を有している。アイヌ民族否定論は、アイヌ民族を自明の社会集団と前提するのではなく、その時々に「アイヌ民族」というカテゴリーが社会において用いられている様を捉えようとする。

　つまり本書は、この点において民族否定論と共鳴する。誤解がないよう先に確認しておくと、アプローチが類似しているとはいえ、本書の立場はアイヌ民族否定論とは正反対だし、民族運動の動機を「利権」に還元したり、アイヌの人々の自発的同化を迫った歴史的不正義を看過したりするような枝葉の議論にも共感しない。ただ、「アイヌ民族」の捉え方に関して、本書はア

イヌ民族否定論と相通じるという意味である。アイヌ民族否定論は「アイヌ民族」の存在を否定するために、本書は「アイヌ民族」の変容を解明するために、どちらも「アイヌ民族」概念にこだわっているのである。

　『アイヌ民族否定論に抗する』の編者である岡和田晃によると、小林よしのりや金子快之元札幌市議などによる一連のアイヌ民族否定論の先駆けであり理論的根拠となっているのが河野本道の議論だという（岡和田・ウィンチェスター 2015: 21）。

　河野は強固な実体的民族観に基づき、「民族」を形質的・社会的・文化的な実態をもつ単一の社会集団と定義している。そして、そういった単一の社会集団をこれまで形成したことがないことをアイヌ民族の存在を否定する重要な根拠の一つとしている[3]（河野 1999; 1996）。河野によると、北海道にはいくつかの諸グループが先住しており、対立したり連合したりしていたが、国家のような単一の組織集団（河野にとっての「民族」）を形成することはなかった。それら諸グループを一括して一つのまとまりとみなすやりかたは、他者（＝和人）からの目線、とりわけ江戸時代の「政治的、行政的措置」にともなう集団概念によると論じている（河野 1999: 17-18）。ゆえに、「アイヌ」という一括した集団呼称も、和人が先住諸グループを一括して呼んだ「蝦夷」という言葉をアイヌが置き換えたものと推測されている（河野 1999: 200）。

　なるほど「アイヌ民族」は無条件に一つの共同体を指し示すものではないようだ。近世の蝦夷島に暮らしていた人々を一つの社会集団と解釈しうるか否かについては諸説ある[4]。いずれにしても、それほど広域な空間に暮らす人々を同胞と認識しえたのは一部のエリート層に限られるのではないだろうか。地図や出版物が普及していない時代に、多くの人々にとって、想像もつかないほど広域に広がる人間の集合を「われわれ」と認識する機会はあまりなかっただろう。そこに住んでいた多くの人々にとっての日常的な「われわれ」感覚は、「アイヌ民族」というより、ローカルな名称を冠した「〇〇ウンクル（〜〜の人）」だったと思われる。後世のわたしたちは、後に獲得した俯瞰的な視点から、彼らをまとめて「アイヌ民族」と呼んでいる。しかし

それは、一つの共同体としての社会関係を指し示すものではなく、歴史的・文化的な相対的均質性を指し示すものと考えるのが妥当ではないだろうか。

「われわれ」意識が、ローカルな地域集団から、広域な「アイヌ民族」へと拡大していった大きなきっかけとして、河野は明治32（1899）年に制定された「北海道旧土人保護法」を指摘する。北海道に先住していた人々が「旧土人」と位置付けられ、旧土人給与地で新たな集落を形成するという「共通の運命」を担ったことで、アイヌの人々にとっても「新たなより広い仲間意識」が形成されたと分析している（河野 1999: 17-21）。拡大された「われわれ」意識は文化復興運動にもみられるという。かつては家族やコタンで行われた儀礼が、「範囲をはるかに越えた人々が多数参加」するような形で実施されるようになった（河野 1999: 196）。つまり明治以降に、「アイヌ民族」という広い範囲の集団呼称が、より確かなアイデンティティの作用する場へと変わっていったことが指摘されている。その現象を河野はいみじくも「新しい『アイヌ民族』が形成されつつあるように見える」（河野 1999: 203）と表現している。本書でも、この現象について「想像の共同体」の形成として第3章で論じる。

最後に、河野は「今日のアイヌ系の者を〈民族〉あるいは〈先住民族〉とみなす理由を〔より一層〕見出しにくい」（河野 1999: 29）と断言している。それは、和人との形質的・文化的境界があいまいになっているというだけではなく、「現在ではアイヌ系の者は、一民族化をなしがたいほど社会的分解を示しており、多様な生き方をとっている」（河野 1999: 28）からである。河野の現状認識において、「アイヌ系国民」は大きく二つのグループに分けられる。「『アイヌ民族』の形成を積極的に担」う「ニューアイヌ」と、「一般的日本国民を志向する」「ポストアイヌ」である（河野 1999: 203-204）。

奇しくも民族否定論者の河野が「アイヌ系国民」という言葉を用いて、「アイヌ系」と「非アイヌ系（和人）」を区別しているように——それを民族境界と定義づけるか否かは別として——現代日本社会における「アイヌ」と「和人」という分類のしかたの有効性が明確に示されている。そして現在の「ア

イヌ系」、すなわちアイヌ民族内部には多様性が認められ、「ニューアイヌ」なのか「ポストアイヌ」なのか、「アイヌ民族」とのかかわり方は個人の選択意思に任せられていることが指摘されている。同じく本書でも、現在の「アイヌ民族」が、個人の帰属のあり方の自由な近代的な共同体であることについて第4章で考察する。

　このように河野は「アイヌ民族」という集団概念を対象化し、その変化を分析している。河野と本書では、「民族」の定義が異なるので、アイヌ民族の存在についての結論は正反対である。しかし、河野の「アイヌ民族」否定論は、ことごとく本書の「アイヌ民族」変容論に示唆や確証を与えてくれる。この点において本書の分析視角は、主流のアイヌ研究よりも、河野のアイヌ民族否定論と通じる部分が多い。

　以上、本書は主流のアイヌ研究と同様に、アイヌ民族の存在を認め（認識論的現実として）、アイヌの人々の主体的な歴史を明らかにしようとするものである。しかし、「アイヌ民族」の捉え方においては、主流のアイヌ研究よりもアイヌ民族否定論に近い。言い換えると、アイヌ民族という人間集団の存在を所与とするのではなく、「アイヌ民族」という言葉が指し示す対象や意味内容に注目する。その地点から、アイヌ民族の衰退や存在否定（断絶的歴史観）ではなく、アイヌ民族の変容、すなわち連続的歴史観を提案する。

3　方法：白老とイオマンテ、4つの時代区分と8人の主人公

　近現代の「アイヌ民族」の変容を実証的に解明する目的において、本書では地域、テーマ、そして主人公を特定する。地域を限定する理由は、「アイヌ民族」の変化を捉えるためにはローカルな視点が不可欠だからである。先述したように、「アイヌ民族」という広域的な集団概念が広く社会において共有されたのは明治・大正期以降だと考えられる。よってそれ以前のアイヌ民族を理解するためには、ローカルな地域集団に注目することが不可欠である。また、時代が進んでも、アイヌ民族の地域的多様性は大きく、歴史的連続性を捉える目的においても地域を限定することは有効である。

　本書ではローカルな調査対象を白老（白老町のなかの白老川水系の部分）とする。なぜ白老なのかというと、第一に二風谷や近文など他の地域と並んで、白老はアイヌの人々が一定程度集住している長い歴史を有する。第二に、その中でも白老は、現在進行中の日本の新しいアイヌ政策である「民族共生の象徴となる空間」事業の拠点である。つまり、アイヌ民族の未来に重要な役割を担う場所である。第三に、この国家事業に選ばれたことに反映されているように、白老には「アイヌ民族」を組織的に継承してきた歴史がある。つまり、アイヌの人々がばらばらにたくさん住んでいるだけではなく、「アイヌ民族」をテーマとするまとまりが比較的強く存在してきた地域の一つである。

　次にテーマを限定する理由は、歴史的な連続性を捉えるためである。ある地域の固有の文脈において、一つのテーマに注目することで、過去と現在を一本の糸でつなぐようなイメージである。本書ではテーマをイオマンテという祭祀とする。イオマンテとは、狭義には飼い熊を神の世界に送る儀式である。世界観、作法、技術、社会関係のルールなど伝統的な文化的・社会的特性が凝集されており、「数ある儀式の中でも伝統生活の英知が集約された最高のもの」といわれている（アイヌ民族博物館 1990a: 序; 渡辺 1972）。

　イオマンテを選択する理由は、第一に、イオマンテが、アイヌ民族に帰属意識をもつ人々からも、そうではない人々からも強く関心をもたれてきた、ゆえにわかりやすい「アイヌ民族」の象徴だからである。「アイヌ民族」に対する当事者のこだわりや社会が共有するイメージなどが可視化されやすいテーマである。第二に、イオマンテは土地や生業といった重要な課題と直接的にリンクしていることから、アイヌ民族をめぐる環境変化を把握する目的においても有効なテーマだからである。

　最後に、主人公を特定する。過去と現在をつなぐ一本の糸でからめとっていく対象が個々人の「アイヌ民族」とのかかわり方である。アイヌ民族の象徴たるイオマンテを執り行うことは、和人とは異なる「アイヌ民族」への帰属意識やこだわりを象徴する行為である。時代の異なる何人かの主人公を特

定し、個人的な生活経験および集団的な環境変化を背景に、主人公たちが「アイヌ民族」にどのような思い（帰属意識）をもち、それをイオマンテに託してきたのかに注目する。

　具体的な手続きとして、まずは明治以降に、白老において、あるいは白老在住のアイヌによって執り行われたイオマンテを、民族誌、新聞、自伝、写真集等々様々な文献資料から抽出した。記録として残されているイオマンテは、筆者が確認できた限りにおいて 52 件である（付録）。明治期のイオマンテの記録はほとんどない。大正期以降には記録が増えるが、それでもすべてのイオマンテを資料で捕捉できているわけではない。昭和初期あたりまでは、記録に残されていない、あたりまえの恒例行事としてのイオマンテが多く実施されていたと考えられる。

　次に、その中から、特に「アイヌ民族」の環境変化や帰属のありようを強く反映していると思われる 4 種類のイオマンテを特定した（**表1**）。明治 14（1881）年の明治天皇に披露されたイオマンテ、昭和 7（1932）年の一般来観者に囲まれて盛大に実施されたイオマンテ、昭和 30 年から 40 年代の「最後」のイオマンテ、そして平成元（1989）年以降のイオマンテの復活プロジェクトである。

　次に、それらイオマンテの祭主、あるいはそのイオマンテに関連する重要人物を各時代区分から二人ずつ特定した。明治 14（1881）年の天皇のためのイオマンテに参加した熊坂エカシテバと森サリキテ。昭和 7（1932）年の観光のイオマンテを実施した熊坂シタッピレと宮本イカシマトク。昭和 30 年から 40 年代にかけて「最後のアイヌ」としてイオマンテを実施した森竹竹市と貝沢藤蔵。そして、実質的には平成元（1989）年から始まる白老流のイオマンテの復活プロジェクトを率いた山丸武雄と、その背景となるアイヌ民族の新しい時代を主導した野村義一である。

表1　4つの時代区分

時代を象徴するイオマンテ		天覧 1881(M14)	観光 1932 (S7) 辺り	閉幕 1960 (S35)辺り	再生 1989 (H1) ～
主人公	熊坂エカシテパ（1850～1923 過ぎ）	31 歳			
	森サリキテ（1862-1923）	20 歳			
	熊坂シタッピレ（1873-1942）	8 歳	59 歳		
	宮本イカシマトク（1876-1958）	5 歳	56 歳		
	貝沢藤蔵（1888-1966）		44 歳	72 歳	
	森竹竹市（1902-1976）		30 歳	58 歳	
	山丸武雄（1914-1994）		18 歳	46 歳	75 歳
	野村義一（1914-2008）		18 歳	46 歳	75 歳
社会変化の指標	イオル・システム	○	△	―	―
	狩猟の実践および技術	◎	◎	△	―
	アイヌ語の語学力（ネイティブの言語）	◎（アイヌ語）	◎（アイヌ語）	○（日本語）	△（日本語）

- それぞれのタイプのイオマンテを代表する年を（必要においては便宜上特定し）示した。
- 主人公の年齢は、その特定の年の年齢である。当該時代区分の主人公の年齢を太字で示した。

　表1の下段は社会環境の変化を指し示す指標として、イオマンテに関係の深い項目であるイオル・システム、狩猟実践、そしてアイヌ語を取り上げた。イオマンテが実施された時点の、社会的背景および主人公の文化的特性に基づいて、それが強く認められるものからおおよそ認められないものまで「◎・○・△・―」の4段階で評価した。これらは言い換えると、明治期以降に白老のアイヌ・コミュニティが失ってきた、あるいは手放してきた伝統文化である。そのときどきの失ったものに応じて、イオマンテの意味付けや、それに込められるアジェンダが変化していくことになる。そのように、イオマンテの質的変化を実証的に明らかにすることを通して、「アイヌ民族」の変容過程の輪郭を捉えることができると思われるのである。なお、本書の第1章から第4章までの章構成は、表1の時代区分に対応している。本文では、この時代区分に沿って白老における「アイヌ民族」の変容を追っていく。

2　アイヌ民族について

1　人口と分布

　本題に入る前に、その背景となることがら、すなわちアイヌ民族について、イオマンテについて、白老についての情報を簡単に共有しておきたい。まずはアイヌ民族のメンバーシップについて考えてみよう。本書では主観的な帰属意識（「アイヌ民族の歴史」に連なっている感覚）に注目しているが、より実務的な条件としては北海道アイヌ協会が血筋と家を会員の要件としている。「アイヌの血を引く者又はアイヌの血は引かないがアイヌの血を引く者の配偶者若しくはアイヌ家庭で養育された一代限りの者」（公益社団法人北海道アイヌ協会定款　第 5 条）が会員資格の基礎的要件である。この要件を満たす人がすなわちアイヌ民族に帰属意識をもつと思われるため、本書でも —— 北海道アイヌ協会の会員であるか否かは別として —— アイヌをおおよそこのような人として想定している。

　そのような人が現在何人存在するのかは、不明である。行政や学術的な調査の際に、自らをアイヌと表明した人の数、すなわち調査が捕捉できた数は、北海道在住者が平成 25（2013）年時点 16,786 人である（北海道 2013）。東京在住者は昭和 63（1988）年時点で約 2,700 人と推定されている（東京都 1989: 23）。また、「北海道外アイヌの生活実態調査作業部会報告書」を見ると、関東を中心に東北から沖縄まで広く様々な都府県在住のアイヌが調査に協力しており、アイヌ人口が全国に分布していることがわかる（アイヌ政策推進会議 2011）。ただし、このような調査では捕捉できていない人もおそらく大勢存在する。

　調査が捕捉した人口のうち、北海道内の分布をみてみよう。**図 1** は平成 25（2013）年時点のアイヌ人口の分布である。白老町が位置する胆振地方に 32％、日高地方に 38％と、半数以上の人口が道南に集中している。また、大正 15（1926）年時点の人口分布（**図 2**）をみても、「500 人以上」を示す大きな丸印が道南に集中しており、現在とおおよそ類似の分布がみられる。

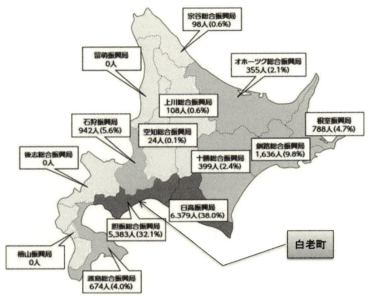

宗谷総合振興局
98人 (0.6%)

留萌振興局
0人

オホーツク総合振興局
355人 (2.1%)

上川総合振興局
108人 (0.6%)

石狩振興局
942人 (5.6%)

空知総合振興局
24人 (0.1%)

根室振興局
788人 (4.7%)

後志総合振興局
0人

釧路総合振興局
1,636人 (9.8%)

十勝総合振興局
399人 (2.4%)

日高振興局
6,379人 (38.0%)

胆振総合振興局
5,383人 (32.1%)

白老町

檜山振興局
0人

渡島総合振興局
674人 (4.0%)

図1　北海道におけるアイヌ人口の分布（平成25年）

北海道アイヌ協会（2016）に筆者加筆

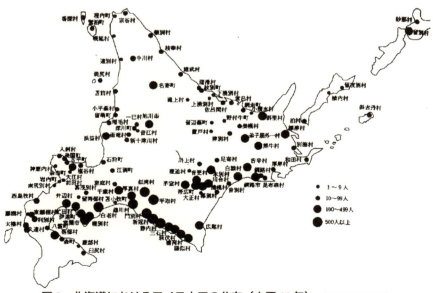

1〜9人
10〜99人
190〜499人
500人以上

図2　北海道におけるアイヌ人口の分布（大正15年）　（河野 1996：265）

注）資料／『大正十五年アイノ概況』

2　生活実態調査にみる民族境界

　北海道は、昭和 47 年、54 年、61 年、平成 5 年、11 年、18 年および 25 年の 7 回にわたって「アイヌ生活実態調査」を行っている。2013（平成 25）の結果を一言でいえば「生活のいろいろな面でまだ格差が残っています」ということである（北海道 2013）。

　概要をピックアップすると、アイヌが居住する市町村全体の平均に比してアイヌ人口は次のような特徴をもつ。第一次産業の就業労働比率が高い。生活保護受給率が高い。そして、高校と大学の進学率が低い。その内の、生活保護受給率の推移を見てみると（表2）、昭和 47（1972）年には人口 1000 人あたり生活保護を受けている人が 115.7 人で全体平均の 6 倍以上であった。平成 25（2013）年には 44.8 人に減少し、全体平均の 1.35 倍にまで改善されている。ここでは、40 年会の間に劇的な改善がみられると同時に、これだけの格差が存在し続けてきたし、今でも存在していることに注目しておいてほしい。

表 2　生活保護受給率（パーミル‰）

	1972 年	1979 年	1986 年	1993 年	1999 年	2006 年	2013 年
アイヌ	115.7	68.6	60.9	38.8	37.2	38.3	44.8
全体	17.5	19.5	21.9	16.4	18.4	24.6	33.1

北海道アイヌ協会（2016）より筆者転記

　また差別も現在なお存在しており、平成 25（2013）年時点、差別を受けたことがあると答えた人が 23.4％、自分はないが、他の人が差別を受けたのを知っていると答えた人が 9.6％である。最近 6、7 年のうちに差別を受けた場面は、「職場で」が最も多く、次いで「就職のとき」と「学校で」、次いで「結婚のとき」、「交際のこと」、「行政から」となっている（北海道 2013）。

　これらのデータは、ミクロな相互作用の場において、アイヌと和人を分か

つ分類とカテゴリー化がまぎれもなく作用し続けていることを明確に示している。また逆に、こういった比較的新しい社会調査もまた、日本社会における「アイヌ民族」カテゴリーの維持や形成に寄与してきたと考えられる。

3 アイヌらしさ

次に、差別と関連の深い、ステレオタイプの問題について考えておきたい。現代の和人（多くの日本人）が過去の和人と異なるように、現代のアイヌ（自己理解において「アイヌ民族」というカテゴリーが強く作用している人）も過去のアイヌと異なる。現代和人に「サムライ」「ハラキリ」といったステレオタイプが意味をなさないように、現代アイヌにも伝統の中にあるイメージをそのまま当てはめることは意味をなさない。

現代アイヌも現代和人もともに、日本の近代化を経験し、日本国という高度な先進工業国の国民で、日本国の法律に従い、日本のマスメディアから日々の情報を得て、日本で流通している製品を消費している。当然ながら結果的に、非常に多くの側面において両者は同質的な価値観や行動様式を身につけている。

それでもあえて、現代アイヌに現代和人とは異なる明示的な「アイヌらしさ」を求めようとする場合に、たとえば、アイヌ民族をエコロジカルな民族と捉える言説がしばしばみられる。それは間違いではないかもしれないが、ステレオタイプな偏見には注意が必要である。「エコロジカル」というイメージは「野蛮」というイメージと表裏一体で、アイヌ民族の時間軸を無視したステレオタイプな見方になりうるからである。

アメリカの文化人類学者であるシェパード・クレック3世（Shepard Krech III）は、『エコロジカル・インディアン』という著書（Krech 1999）において、ネイティブアメリカンは「エコロジカル」であるというステレオタイプなイメージ（myth）を払しょくすべく、ネイティブアメリカンによる「エコロジカル」ではない歴史的事実、すなわち功利主義的な乱獲や資源利用などを描き出している[5]。彼は、先住民族の伝説や近代以前の生活習慣から、民族の

ある種のイメージを固定化し、それを現代に生きる個々人に対して、現代的な人間像を捨象してステレオタイプに当てはめてしまう世界的な傾向に警鐘をならしているのである[6]。

　日本のアイヌ民族に対しても本や雑誌をみると、「アイヌ、神々と生きる人々」「自然とともに生きたアイヌ」「アイヌ式エコロジー生活」などという言葉が並んでいる[7]。そして、ウタリ対策有識者懇談会は、「アイヌ文化は自然とのかかわりが深い文化であり、現代に生きるアイヌの人々も自然との共生を自らのアイデンティティの重要な要素として位置づけている」と指摘する（ウタリ対策のあり方に関する有識者懇談会 1996: 3）。実際、エコロジカルな慣習を受け継ぐ現代アイヌは存在するし、またアイヌ文化の環境保護的な側面を、日本の財産として積極的に共有しようとする考え方も重要な見解である[8]（吉田 2011: 33-34; 丸山 2011a: 69-72）。

　ただし、クレックの警鐘を踏まえるならば、先住民族の時間軸だけを一方的に無視したステレオタイプな態度には十分に留意する必要がある[9]。アイヌはもちろんのこと和人の場合でも前近代の生活は近代のそれに比しておおむね「エコロジカル」であったこと[10]、反対に伝統的なアイヌ社会も、単純に「自然との共生」「平等」「平和」ではなくそれなりに複雑で矛盾をはらんだ社会であったことをふまえた上で[11]（瀬川 2007）、アイヌ文化の環境保護的な特殊性が語られる必要がある。

　アイヌ民族に帰属意識を持つ現代人のなかには、特別エコロジカルな人もいるし、日常的に伝統的なアイヌ民族の考え方を大切にしている人もいる。しかし、すべての人が特別エコロジカルなわけでも、日常的に伝統的なアイヌ世界に生きているわけでもなく[12]、そのような必然性もない。現代アイヌは、現代和人同様、まずは現代人である。そのうえで、アイヌ民族の歴史に連なっている感覚、つまり「アイヌ民族」への帰属意識やこだわりをもっていることが、現代のアイヌらしさのエッセンスだと本書では捉えている。

3 伝統的イオマンテについて

1 イオマンテの世界観

　本書のテーマであるイオマンテについて簡単に説明しておきたい。「イオ
マンテ」（もしくは「イヨマンテ」）は「それ（イ）」を「行かせる（オマンテ）」
という意味で（萱野 1996: 79）、人間世界（アイヌモシリ）にあるモノを神の
世界（カムイモシリ）へ送り返すことを意味する。アイヌ民族の伝統的な世
界認識は次のように説明される。人間の世界に存在するあらゆるもの、たと
えば動物、植物、自然現象、そして人間が作った道具は神の世界から姿を変
えてやってきた神（カムイ）だと考えられる。厳密に言えば、あらゆるもの
に魂が宿っており、そのうち人間の手におえないものを神として敬ったり、
畏れたりしたという。そして、何が神の範疇であるのかは、明治から昭和初
期に生まれ育った人々のあいだでも、地域や個人によって見解がさまざまだ
という（アイヌ民族文化研究センター 1999; 藤村 1985; 犬飼・名取 1939）。神が人
間世界において役目を終えると、神は仮の姿を置いて神の世界に戻って行く。
その際、丁寧に神をお送りすることで、神は喜んでまたその人のところに戻っ
てくる（藤村 1985; アイヌ民族文化研究センター 1999）。このような世界認識に
もとづいてイオマンテの儀式は成り立っている。

　伝統的にアイヌは、熊のような大きな獲物から食器のような道具までさま
ざまなモノを神の世界に送っていたという。熊についていえば、大きくは二
つのタイプのイオマンテがある。一つは猟熊送りで、仕留めた成獣を送るも
の。もう一つが飼熊送り、狭義のイオマンテであり、親を失った仔熊を集落
（コタン）に持ち帰り、1〜2年ほど大切に育ててから送るものである（藤村
1985; 宇田川 1989）[13]。本書が対象にするのは後者のタイプのイオマンテ（飼
熊送り）である。

2 イオルを管理する機能

　このような世界観に基づくと、伝統的イオマンテには第一にイオルを管理

する機能が託されている。「イオル」とは、本州でいう入会（いりあい）の
ようなもので、狩猟採集の縄張り、また生活上の活動範囲のことである[14]。
イオルを共有する集団（イオル共同体）は1〜数戸単位で、通常川筋に集落（コ
タン）を形成したといわれている。イオル共同体は、自己存続のために、自
分達のイオル、すなわち縄張りである森・川・海を持続的かつ有効に利用す
る必要がある。よって、そのための知恵や技術が育まれ、文化として蓄積さ
れていった。それが、いわゆる伝統的なアイヌ文化である。そういった知恵
や技術に熟達し、イオルの管理とイオル共同体の安定的な存続に責任をもっ
た者がコタンコロクル（集落を持つ者）と呼ばれた（泉 1952; 榎森 2000; 渡辺
1972; J 氏 2015.8.2; K 氏 2015.6.26）。

　イオマンテは、イオルに生息する熊（キムンカムイ、山の神）との良好な関
係性を持続させるための活動である。イオル内で捕獲された仔熊は、イオル
共同体の神として大切に育てられ、1〜2年後にイオル共同体によって神の
世界に送り戻される。そうすることでイオルにおける人間と神との良好な関
係が保たれ、よってイオル共同体の生活が保障されるという考え方である。
まとめると、イオマンテはイオル共同体がイオルを管理すための儀式であり、
その儀式を取り仕切ったのがイオル共同体の責任者であるコタンコロクルで
あった。

3　その他の機能

　猟熊送りに比して飼熊送りは地理的にも歴史的にも分布が限られていると
いう。地理的に、猟熊送りはユーラシア大陸北部からアメリカ大陸北部まで
比較的広くみられるものの、飼熊送りは北海道とサハリン（樺太）、そして
極東ロシアのアムール川流域と沿海州に限られる（Hallowell 1926; 佐藤 2004）。
歴史的に、熊を含めて動物を送る儀礼は古くは縄文時代早期、猟熊送りの基
本形態は 13 世紀頃にみられるが、飼熊送りは比較的最近の 18 世紀頃に完
成されたと考えられている（天野 1990: 582-584; 佐藤 2004: 92）。

　渡辺仁は父系の血縁集団（シネ・イトクパ）の団結と維持としてのイオマ

ンテ（飼熊送り）の役割を強調する [15]（渡辺 1972: 53）。そのクマ祭文化複合体論によると、サケの安定的捕獲により定住コタン（集落）が形成され、その定住性が定期的な団体儀礼を可能にした。サケ漁による食糧余剰は仔熊の飼育を可能とした要因でもある。また、サケ漁をはじめとした漁業・狩猟および食物処理や祭具の製作技術の発達に影響を及ぼしたのが異民族との交易により普及した金属器類だとする。

　この渡辺の理論や他の考古学的知見を元に、デビッド・ハウェル（David Howell）は、場所請負制の下で和人のアイヌ支配が進み、アイヌ民族の政治的自律性が失われていくなかで、文化的結合（cultural solidarity）の表現としてイオマンテが成立したと推察している（Howell 1999: 100）。天野哲也は渡辺の理論を批判的に発展させ、医薬品として高い価値のある良質な熊の胆囊を獲得するための装置としてイオマンテが成立したと主張する。そのように考えると、なぜ仔熊を飼育してから殺すのか、ということが説明されるという（天野 1990）。

　このように、イオマンテは比較的小規模のイオル共同体をミニマムな社会単位とする活動であるが、より広いローカル・グループや血縁集団との関係、あるいは和人との経済関係といった、コタンを越える世界との関係性を強化したり利用したりするためのツールという意味合いが付与されたり、そちらが自己目的化されることもあったようだ。その目的のために、イオマンテの規模が拡大し、形式も華々しくなっていったという説明もなされる（渡辺 1972; Howell 1999; 天野 1990; 佐藤 2004; 秋野 2006）。

　いずれにしても、アイヌの生活圏内（アイヌモシリ、蝦夷地）に和人が進出してきたことによる近世の社会環境の変化（経済的・政治的環境の変化）を受けてイオマンテ（飼熊送り）が成立したと考えられるようである。

4　白老について

1　白老川流域

　次に、本書の調査対象地である白老についてみていこう。現在の白老町は上述したように（図1）、道南の太平洋沿いに位置する人口約2万人弱の町である[16]。その内、アイヌ人口が1割強の2,500人ほどで、北海道内でも「アイヌ人口の最も多い町」だという（アイヌ文化振興・研究推進機構 2007: 14; 大西ほか 2012: 9）。

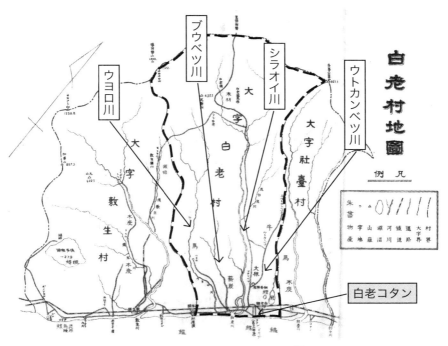

図3　白老川水系と行政区画[17]

「白老村地図」（白老村 1923）に筆者加筆

　その白老町の町域のなかでも、本書では白老川水系の流域である旧白老村の区域に焦点を当てる（**図3**）。すなわち、旧敷生村と旧社台村の区域は基

本的に扱わない。特筆しない限り、本書で「白老」という場合は、旧白老村、つまり白老川水系流域を指す。特に江戸時代以前の白老を限定的に指す場合はカタカナで「シラオイ」と記す。ちなみに「シラウ・オ・イ」はアイヌ語で「虻・多い・処」を意味するという[18]（白老町町史編さん委員会 1992a: 216）。

2 シラオイの歴史

　古くは約 8000 年前の遺跡が発掘されていることより、シラオイのあたりには古代からアイヌの祖先にあたる人々が住んでいたようだ（佐藤 1982; 白老町町史編さん委員会 1992a:153-209）。しかし、シラオイについて、資料から知りえる歴史は近世以降のものである。アイヌの口頭伝承と和人による記録から、シラオイの歴史を簡単に概観する。

　アイヌの口頭伝承は、家ごとに引き継がれていた。そのため、歴史認識にはいくつかのパターンがあり、しばしば相互矛盾する。現在もっともよく知られているのが、明治 45 年に白老村の郵便局長に就いた満岡伸一が熊坂家から聞き取った伝承である。その他、佐藤政憲はその熊坂系統の伝承と、大正 12（1923）年の村勢要覧に記されている野村系統だと思われる伝承を比較考察し、「白老アイヌの沿革」についての新しい仮説を導き出してもいる（佐藤 1981）。このように、シラオイの沿革には定説がない。いずれにしても江戸時代に会所ができる前のシラオイには、さまざまな沿革を経て、シラオイ、ウトカンベツ、クシュン、マクンベツ、ブーベツなどのコタンが川筋にあったようだ。

　口頭伝承されてきたストーリーはだいたい次のようなものである。日高アッペツ（厚賀）のイペニックルという人物率いる一団が、敗走する途中にウトカンベツ川沿いの丘上を要害の地とした。ウトカンベツの一団はシラオイコタンの人（シ・シラオイ・ウンクル）と交渉してシラオイコタンのイオルを領有することになった。これがウトカンベツ・ウンクル。別の一団が、日高から噴火湾に移住する途中にシラオイコタンに滞在した。外交並びに弁論の才を認められ、勧められるままに白老川の川向い（クシュンコタン）に住み、

「プーベツ川筋を生活の領域とし、そこでのみ獲物を捕り、漁をし、山菜を
とる」ことを許された。これがクシュン・クル。このような逸話の背景には、
17世紀の大規模なアイヌ勢力間の抗争による人口移動や、有珠山（1663年）
および樽前山（1667年）の大噴火による大津波の影響があったようだ（満岡
1987: 236-239; 北海道ウタリ協会白老支部 1998: 4-8; 藤村編 1976: 1; 野沢 1968: 40; 森
竹 1977: 92-93）。

　次に和人の記録を見てみると、『津軽一統志』（1669）に、商場知行制下の
シラオイについての記述がある。それをみると、「オカツフ」という乙名（本
州の村役人「名主」に相当）の持ち分として、「しきう」に 5,6 軒、「しらおい」
に 20 軒、「しゃたい」に 7,8 軒と記されている。白老川水系に焦点を絞れば、
そのころは 20 戸ほどが川筋に散らばっていくつかのコタンを形成していた
ことが推測される。また「しらおい」にだけ「松井茂左衛門商場」と記され
ていることから（白老町町史編さん委員会 1992a: 307-308）、1669 年時点、この
あたりは松井茂左衛門という松前藩士の知行地であり、シラオイ在住のオカ
ツフというアイヌがシキウとシラオイとシャタイのまとめ役として乙名を務
めていたことがわかるという[19]。また、野沢孝治によると、この頃は商い
場としてまとまっておらず、年に 1 回、アイヌの有力者の居所附近で船着き
がよくアイヌの集合しやすい場所に船が着くと、アイヌが集まってきて交易
していたという（野村 1968: 40）。

　次に、『蝦夷草紙』（1786）には「シラオイ場所松井茂兵衛が知行主で請負
人天満屋専右衛門、運上金 30 両」と記されている[20]（白老町町史編さん委員
会 1992a: 312）。このことから、1786 年にはシラオイ場所の経営が場所請負
制へ移行していることがわかる[21]。このときに、請負人が労働力を確保す
る経営上の理由から周辺に散在していた小コタンを海岸のシラオイコタン
に集めた。これが「白老コタン」の始まりといわれている（野沢 1968: 43, 58;
満岡 1987: 238; 森竹 1977: 94）。『東蝦夷地各場所様子大概書』（1809）によると、
1809 年時点、シラオイには 30 戸 113 人が暮らしている[22]（白老町町史編さ
ん委員会 1992a: 349）。

シラオイ場所は、1799 年に幕府直轄、1821 年に松前藩に復領、1854 年に幕府再直轄となる[23]。1856 年には東蝦夷の警備を幕府から命じられた仙台藩の元陣屋がシラオイにおかれた。1857 年時点のシラオイのアイヌ人口は戸数 39 戸、人口 209 人である[24]（玉蟲 1992）。以上、江戸時代までのシラオイの歴史を概観した。次節では本書の出発点として、江戸末期のシラオイコタンについて考察しておきたい。

3　江戸末期のシラオイコタン

　江戸末期のシラオイコタンは、集住しているとはいえ、それぞれにイオルを保有する複数のイオル共同体から構成されていたと考えられる。一般論として、和人がアイヌ民族を従属的なものと位置付けていたがゆえに、場所の支配人や藩士が威圧的に漁場を収奪したり労働力を酷使したりする場面は多く報告されている（松木 1978: 169 など）。結果として、コタンの自律性が弱められてもいる（榎森 2007: 368-372）。しかし、江戸幕府は、明治政府とは異なり、蝦夷島全体を主体的に管理したり、開発したりする意図を有してはおらず（榎森 2007: 166-171, 308-309）、よってアイヌの人々のイオルは、暴力的に荒らされることはあったとしても、抜本的な介入の対象ではなかった。ゆえに、江戸期のシラオイコタンに住んでいた約 40 戸はそれまでの縄張り秩序を共有し、それぞれのイオルを利用・管理するための社会関係を一定程度保持したままシラオイコタンに集住していたものと思われる（B 氏 2015.8.3）。

　イオルの縄張り秩序のような、シラオイコタン内部の秩序形成は、コタンコロクルを中心に執り行われていたはずである。満岡は、コタンコロクルを「最高顧問と神官を兼ねた様な観」があり、乙名は「理事者」のようなものと説明している（満岡 1987: 26）。コタンコロクルと乙名が同一人物であり体内的と対外的な呼称の違いとする説明も多くみられるが（榎森 2000[25]; 北海道庁 1918: 511）、満岡は白老コタンについてこれを別の存在として紹介している[26]。ここでは、並列説をとる満岡の説明から、江戸末期におけるシラオイコタンの自治について考察しておこう。

　コタンコロクルが世襲制であるのに比して、乙名をはじめとする役土人（和人から見た村役人）は一代限りであり、「村内の元老と役員合議の上選考し推薦」されるという。「上〔対外的〕には藩主及び漁場請負人に対して村を代表し、内に対してはコタンコロクルと協議し、村内の世話をする」。なお、新移住者は、「コタンコロクル及び、各役員の指揮に従い、村の申合及び習慣に服従する義務がある」と説明されている（満岡 1987:25- 26）。

　以上の情報をもとに、仮説的に、幕末のシラオイコタンの自治の風景をイメージしてみよう。シラオイコタンが 39 戸 209 人から構成されていたとして、満岡曰くシラオイコタンを代表する（大）コタンコロクルは熊坂家の家長である。次章の天覧のイオマンテの祭主を熊坂家が担っていることからも、その見解でよいように思われる。そしてシラオイコタンが複数のイオル共同体から構成されているという考え方が正しければ、満岡が「元老」と呼ぶ人々は、それら複数のイオル共同体を代表するそれぞれの（小）コタンコロクルだと考えられる。具体的には、野村家の家長などがそれにあたる。それら複数の大小コタンコロクルおよび役土人との協議や合議によって集住コタンとしてのシラオイコタンが運営されていた、という地域社会が想像される。この複合的イオル共同体を出発点として、本文ではシラオイのアイヌ・コミュニティが明治以降に変化していく様子をみていくことにしよう。

　なお、本書ではここで紹介した集住コタンを、これ以降の時代を通して「白老コタン」と呼ぶ。時代や見方によって、字古潭、アイヌ部落、浜町などとさまざまな呼び方がなされるし、現在の住所表記では複数の地区名称に分かれる。しかし本書では便宜上、この辺りを一括して「白老コタン」と呼ぶ。

注

1　「日本人」という言葉も、自身の帰属を「日本人」というカテゴリーで理解する人の意で用いている。日本人の中には、アイヌ民族以外の少数民族に帰属意識をもつ人たちも含まれており、「アイヌ」以外をすべて「和人」とくくってしまうことには違和感がある。しかし、本書はアイヌ民族をテーマとするものであることより、アイヌ

民族以外の区別は省略する。「和人」に対して「アイヌ人」という言葉を用いないのは、その言葉から連想されうる生物学的な要素を排除するためである。「和人」という用語にもさまざまな混乱の余地があるが、ここでは便宜上、最も広く用いられている用語をそのまま用いる。

2 たとえば、本書とタイトルが類似する金倉義慧（2006）『旭川・アイヌ民族の近現代史』は、タイトルは似ているが、目的もアプローチも大きく異なる。金倉（2006）は "和人の非道" の代表事例の一つである旭川のアイヌ給与地問題を中心に "和人の非道とアイヌ民族の苦難" を詳細に報告している。反対に、本書が注目する、地域社会の質的変化にはあまり関心がむけられていない。

3 河野のアイヌ民族否定論に対する榎森進の反論を見ると、榎森も河野と同様の実体的民族観に依拠して論争していることが見受けられる。榎森は、コシャマインの戦いやユカラ（口承文芸）の成立を根拠として、近世のアイヌ民族が「バラバラな『部族』ではなく、ひとつのまとまりを持った」客観的な実質的社会集団であったと反論している。また、「共通の言語」と「特定の個別文化」と「帰属意識」を近世におけるアイヌ民族の存在証明と強く主張する反面、その定義から外れる近現代のアイヌ民族の存在証明は手薄である。伝統文化の喪失と回復の歴史が簡単に紹介されているのみで、それがいかに民族の存在証明につながるかについては説明されていない（榎森 2009: 42）。

4 近世のアイヌ民族が最も結束を強めたとされるシャクシャインの戦い（1669）のときの社会状況について、瀬川拓郎は「各地域集団を強力なリーダーシップによって結集する政治的統合は、結局存在しなかった」とする見方を紹介している（瀬川 2007: 47）。他方榎森はローカルな大首長と彼らを結ぶ情報網によって各地の政治勢力は相当程度統合されていたとみている（榎森 2007: 197）。いずれにしても、ゆるやかな広域連合は見られたが、「国家的性格をもった権力体系」（瀬川 2007: 47）には至っていなかったと考えられている。

5 本書の研究手法である、歴史のなかから4つの断面を抜き出して記述し、それを結びつけて検討する方法は、彼の研究手法に倣っている。

6 佐藤孝雄も日本のアイヌについて同様の見解を示している。多くの考古学者たちにとって、アイヌが「太古の昔から自然との共生に努めつつ暮らしたエコロジカルな存在」という通説のイメージは共有し難い。学問的成果から浮かび上がるのはむしろ「文明社会と相互関係を結ぶ中…したたかに逞しく生き抜いた人物像」だという（佐藤 2010: 81）。

7 引用元は最初が藤村（1995）『アイヌ、神々と生きる人々』。次の「自然とともに生きたアイヌ」は雑誌記事の見出しであるが詳細不明。最後が、さとうち藍・関戸勇，2008,『アイヌ式エコロジー生活——治造エカシに学ぶ、自然の知恵』小学館。

8 確認しておくと、吉田邦彦や丸山博がアイヌをステレオタイプに認識しているという意味でここに紹介しているわけではない。たとえば、吉田は「本州における『入会』とともに」（吉田 2011: 34）としており、アイヌと和人の文化を相対的に捉えていることがわかる。

9 Krech はネイティブアメリカンに対して二つのステレオタイプが存在すると指摘す

る。一つは「高貴な野蛮人（Noble Savage）」で、もう一つは「卑しい野蛮人（Ignoble Savage）」である（Krech 1999: 16）。そして、彼が求めるイメージはそのどちらでもなく、現代のネイティブアメリカンによる言葉を引用して示されている。「私は白人でもないし、神話化されたインディアンでもない。生身の人間である」（Krech 1999: 228）。

10　一般的に、近代化を経験する前の前近代社会は、蝦夷島だけではなく世界中において、比較的環境持続的な社会だったはずである。都市化と産業の発展、市場の発展、生産・消費スタイルの変化、中央集権的な大規模開発といった近代社会に登場した社会の新しい特徴が環境問題を著しく悪化させてきた要因である。

11　瀬川拓郎は、伝統的なアイヌ社会を単純に「自然との共生」「平等」「平和」としてみることを否定し、それなりに複雑で矛盾をはらんだ社会だったとみている。瀬川によると、伝統的なアイヌ社会は「縄文文化で歩みを止めてしまった人びと」の集団ではなく、本州の社会が農耕社会として複雑化していったように、アイヌの社会は狩猟採集社会として複雑化していったという（瀬川 2007: 5）。

12　小内透らは現代アイヌの伝統世界とのかかわりについて調査を行っている。北海道在住でアイヌ民族と表明している方たちを対象とした質問票調査において、有効票が回収できた 5,703 名のうち（小内編 2012a: 3-4）；アイヌ固有の信仰をもつと答えた人は 2.9％（小内編 2012a: 98）、「神々への祈り」「海・川・山でのタブーや約束事」を実践していると答えた人はそれぞれ 7.6％と 3.3％（小内編 2012a: 100）である。また、アイヌ文化の伝承活動・復興活動に対する関わりは、最も多い「祭事（カムイノミ等）」についても、関わったことのある人が 23.7％、関わったことがない人が 58.3％、18.1％が無回答である（小内編 2012a: 102）。現代和人のすべてが常に八百万の神を感じて生活しているわけではないように、すべての現代アイヌが常に「アイヌらしい」信仰の態度を示すわけでもないことが数字で示されている。

13　秋野茂樹は、成獣を狩猟の場で送るものと仮小屋で送るもの、コタンに持ち帰って送るもの、仔熊を持ち帰って育ててから送るものと、イオマンテの形態を 3 つから 4 つに分類している（秋野 1999: 2, 2006:5）。

14　「山育ち」の萱野茂が「少年時代に母語としていた言葉を網羅した」(ii)『萱野茂のアイヌ語辞典』では、「イウォロ（iwor）」は①「深山、奥山」、②「狩場：狩に行くときの自分の持っている場所」（萱野 1996: 44）と説明されている。

15　シネ・イトクパは、コタン（集落）やローカル・グループ（ムラに相当する社会・政治的集団）を包括する高次の集団のことで、たとえば、十勝川上流のシネ・イトクパは 7 ローカル・グループ、11 コタン、約 50 戸からなる。また、熊に捧げるイナウ（祭具の一つ）にはその血縁集団の祖印が刻まれていたという（渡辺 1972: 53）。

16　人口は年々減少傾向にある。平成 19（2007）年の人口は 20,616 人。平成 27（2015）年は 18,069 人（白老町 2016）。

17　この地図において、ウトカンベツ川の位置をうまく特定できなかった。川の位置関係について詳しくは、榊原正文（2008）「白老川本流流域のアイヌ語地名」や「白老のアイヌ語地名」（白老町町史編さん委員会 1992a: 277）を参照されたい。

18　「シララ・オ・イ」で潮汐の多いところとする説もあるようだが、「虻」の説明の方が一般的だという（白老町町史編さん委員会 1992a: 216）。

19　蝦夷島では、米の収穫高ではなく、アイヌ民族（蝦夷）との交易の独占権が松前藩に与えられた（商場知行制）。なお、榎森は秀吉の朱印状と家康の黒印状を比較し、後者がより「幕府―松前藩―アイヌ民族」の関係を明確に規定していると指摘している（榎森 2007: 161-169）。

20　アイロ場所は藩主直轄で、場所請負人はシラオイ場所と同様天満屋専右兵衛（白老町町史編さん委員会 1992a: 312）。

21　場所請負制は商場知行制に次いでみられる知行形態。松前藩士が直接場所経営を行うのではなく、それを商人に任せて運上金（税金）を取る形態である。場所を請け負った商人は次第に、（不平等な）交易のみならず最新技術を持ち込んで自ら漁業を営むようになり、アイヌのイオルを荒らしたり、労働力を搾取したりしたことが伝えられている（野沢 1968; 新谷 2015: 87-92）。

22　シラオイ場所にはその他、アイロに 5 戸 16 人、メップに 5 戸 31 人、シキウに 33 戸 141 人、シャタイに 9 戸 48 人がと記録されている。シラオイ場所の支配人は南部出身の治兵衛。その 2 年前の『西蝦夷地日記』（1807）によると、シラオイ場所の総乙名はヲビシテヲク、脇乙名はシネネヲク、小使はイシユリカン、その他、並乙名 5 名、並小使 3 名（白老町町史編さん委員会 1992a: 345-350）。

23　この時代には、家臣の知行地としてではなく、幕府や松前藩が入札制度によって場所請負人に直接場所経営を受け負わせた（白老町町史編さん委員会 1992a: 363, 391）。

24　シラオイ場所のその他の村では、シキウ村が戸数 38 戸人口 171 人、シャタイ村が戸数 7 戸人口 23 人、アヨロ村が戸数 3 戸人口 10 人（玉蟲 1992）。

25　榎森は、河川流域に散在するコタンの中でも有力なコタンコロクルが乙名と称された人物であっただろうと説明している（榎森 2000）。

26　熊坂エカシテバからの聞き取りを紹介している新聞記事においても並列説が語られている。昔のお正月の行事について、記者がエカシテバに「オッテナ」（ここでは「酋長（オッテナ）」と記述されている）のところに年始に行ったか尋ねたところ、オッテナのところへは行かないが、オッテナとともに「大オッテナ」（ここでは場所請負人のこと）のところへ出かけたとこたえている（『北海タイムス』1924.1.10）。このことから、オッテナとは、コタンの人々から年始に出向かれるような対内的なリーダーではないが、対外的には場所請負人に対してコタンを代表する立場であることがわかり、満岡の説明と整合的である。また、江戸時代の各種資料をみても、役土人の名前と、歴代のコタンコロクルとして伝えられている名前が重ならないため、シラオイコタンに関する資料を見る限りでは、コタンコロクルと乙名を別の存在とする満岡の並列説の方がつじつまが合う。ちなみに、幕末に記された『入北記』（1857）における役土人は以下の通り。総乙名：オマタンテ、脇乙名：イコチヤンコロ、総小使：リキシノツ、並小使：イキリヤウシ、イタクヘカン、ノツコロ、キシタラク、リクンサル、サエコラン、イモトクテ、アヘノホリ。

第1章　天覧のイオマンテ（明治14年）
——外交のツール

◆　熊坂エカシテバ（嘉永6（1850）頃～大正14（1925）過ぎ[27]）

白老を代表するコタンコロクルの家系の10代目で、1代目のイペニックルが日高より移住して「白老の開祖」となったと言い伝えられている。5代目のときに場所請負制の会所が設置され、その命により近隣の小部落とともに海岸（白老コタンの前身）に集合移転したという。エカシテバの時代に戸籍法が施行され熊坂姓を名乗る。「温厚謹厳な人格者で、一村の酋長として相応しい貫録を持て居た。（中略）一村の祭祀を掌るだけあって、全ての古事や儀礼に通じ、而も公平な人であったため、…元老連中も皆一歩を譲って居った」という。晩年は盲目となり、「祈祷者なり」と紹介されている（満岡1923: 236-240; 藤村編1979b: 67; 河野編1984: 208）。写真は大正14（1925）年、75歳のときに撮影された活動写真の一コマ（八田1925）。

◆　森サリキテ（文久2（1862）～大正13（1924））

戸籍名は佐代吉。熊坂家の祖先よりあとに日高より移住し、白老コタンの川向うのクシュンコタンに定着した家系の子孫だと伝えられている。森家も熊坂家と同様、江戸時代に白老コタンに集住移転したと考えられる。サリキテは20代前半から旧場所請負人野口又蔵の漁場で働き、明治38年日露戦争の頃には自分で漁場を経営するようになる。そして、部落改善、土地問題、子弟の教育など白老コタンのために貢献した。晩年の大正5（1916）年に設立された土人部落協会の二代目会長に就任。白老コタ

ンにおける近代的リーダーの先駆けである。亡くなったときは「部落民の総意により初の部落葬」が催された。サリキテの二男久吉は北海道アイヌ協会の二代目理事長である。(竹内 2008; 2-4; 藤村編 1976: 1-2; 白老村 1923: 7, 56; 吉田 1956: 25, 本多 1993: 106;『エカシとフチ』編集委員会 1983: 60;『北海タイムス』1923.1.20)。写真は大正 10 年、59 歳のときに撮影されたもので、タイトルは「正装した森サリキテ老」(田畑・藤村 1970: 105)。

1 天覧のアイヌ熊祭り

　今回の調査において見つけられた、記録に残っている白老のイオマンテの中で最も古いのが、明治 14（1881）年の天覧に供したイオマンテである。明治 14 年に明治天皇が北海道を巡幸した。開拓使 10 年計画（明治 5 ～ 15 年）の終了にあわせて、黒田清隆長官が北海道開拓の実状をご覧に入れようと進言したものである（北海道庁 1930: 27）。巡幸地の一つとなった白老では「空前の盛事」として、勇払郡役所と白老郡戸長役場が入念に準備をした。「原始的なる土人の家屋、さては奇異なる習俗等に御興深かりし御事伝聞せらる」（白老村 1923: 46）ことより「土人の歌舞」（白老村 1923: 51）が企画された。そして、明治 14 年 9 月 3 日の夕方、熊坂エカシテバ(31 歳)を祭主として、森サリキテ(20 歳)などアイヌの男女 40 名程が[28]、行在所となった和人家屋の庭で、明治天皇にイオマンテの真似を披露した（白老村 1923; 白老町町史編さん委員会 1992b; 満岡 1987）。

　図 4 のように、天皇が座敷から庭を見下ろし、庭でアイヌが 3 頭の熊を

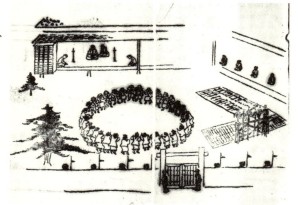

図 4　天覧のアイヌ熊祭りの図

（満岡 1923）

ひきいて「熊祭りを天覧に供し」た。女性が小熊に乳を飲ませる場面から弓矢で熊を射殺し、熊送りをするまでの経緯を真似て見せたという。ちなみに、熊は殺す真似をしただけで、実際に殺してはいない。

　さて、熊坂エカシテバや森サリキテらこの場にいたアイヌの人たちにとって、アイヌの神様との大切な交流の儀式を和人支配者にささげることは屈辱的な出来事だっただろうか？さらには、イオマンテを「正式」ではない「真似事」として行うことに対する抵抗があったとも伝えられている[29]。なぜならば、「嘘の」儀式を執り行うことは、神との良好な関係に波風を立てることになるからである（野本 2013: 39; E氏 2015.7.31; K氏 2015.7.29）。本章では、天覧のイオマンテをめぐるこのような問いを起点として、明治初期の白老におけるアイヌ社会を読み解いていきたい。

　熊坂エカシテバや森サリキテらが内心どのような思いを持っていたのか、現在となっては想像することしかできない。しかし資料から見る限り、アイヌの人々は嫌々やらされたのではなく、このイベントを好意的に受けとめ、積極的に参加していたようにみうけられる。

　第一に、このとき白老村だけではなく有珠村など遠方からも多くのアイヌの人々が、わざわざ飼い熊を連れて集まっていた（白老村 1923; 白老町町史編さん委員会 1992b; 満岡 1987）。行在所に入りきれないほどのアイヌが集まってくるほど、アイヌの人々にとって魅力的なイベントだったことがうかがえる。

　第二に、参加者は天皇をおもてなしするという目的について誠実であったように見受けられる。儀式に参加した女性によると、「儀式も今日の略式でなかったので踊りも皆古風にやりました」という。すなわち、――天皇がその差異に気付けたかは不明だが――「正式」な方法で儀式を披露したのである。森サリキテは母親の織った盛装のアツシ（着物）を身につけ、森家の飼い熊を連れて出向いた。天皇がニコニコと笑顔で見ていた様子を、晩年に「私等も大いに有難いことと思いました」といつも感激しながら語っていたという（白老村 1923: 57;『北海タイムス』1923.1.20）。また、祭主の熊坂エカシテバも、これを「一生の光栄」とよく語っていたという（満岡 1987: 240）。いずれも

和人を介して残された記録であり、どこまでアイヌとしての本心が反映されているのかは検討の余地がある。しかし、これらの記述から、最も偉い和人支配者の訪問を歓迎するという外交上の責任や誠意が込められているようにも思われる。

　これと関連して第三に、天覧のイオマンテは、支配的な隣人（和人）との効果的な外交のツールと解されていたと思われる。この第三の論点について、節を変えてじっくりみていこう。

2　外交のツール

　イオマンテが支配的な隣人との外交ツールとして用いられることは、江戸時代にも珍しいことではなかった[30]。江戸時代の場所請負制下において、場所の支配人、通詞、番人などがイオマンテに招請されたこと、それら和人が上座でおもてなしを受けていることが、各種の歴史資料やアイヌ絵に描かれている（秋野 2006: 19; 池田 2007）。たとえば江戸期に描かれた「熊祭りの図」（**図5**）をみると[31]、上座（丸で囲った左中央部）に髷を結った和人が二人描

図5　江戸時代に描かれた、イオマンテの酒宴に列席する和人

木村巴江「アイヌ風俗熊祭ノ図」に筆者加筆
（北海道大学附属図書館所蔵）

かれている。このように、明治天皇は、アイヌの人々からイオマンテによる
丁寧なおもてなしを受けた初めての和人支配者ではない。

　加えて、当時のアイヌの人々が和人支配者のもとに出向き服従を示すこと
は年中行事であり、よって明治天皇に服従することも、特別に屈辱的な出来
事というわけではなかったと思われる。江戸時代にはウイマムやオムシャと
いう行事があり、実質的にアイヌが和人へ服従を示す機会となっていた[32]。

　天覧のイオマンテの 20 年ほど前、幕末の白老仙台陣屋で行われていたオ
ムシャの様子を満岡伸一が記し
ている。当時、備頭の主宰で、
年に一度オムシャが開催されて
いたという（満岡 1987）。オム
シャの様子を描いた**図 6** をみ
ると、ここでも、和人が座敷の
奥に座り、下座にいるアイヌの
人々を見下ろすという、天皇の
ためのイオマンテと同様の構図
がみてとれる。

図 6　白老のオムシャ
（満岡 1987：198、一般財団法人アイヌ民族博物館蔵）

　興味深いことに、満岡の説明を見ると、和人とアイヌの人々が異なる文化
集団として交わっている様子がはっきりと見て取れる。すなわちオムシャは、
異なる集団間の外交行事なのである。

　オムシャには、12、3 名の役土人（総オッテナと各小部落の脇オッテナ、総小使、
脇小使）が正装し陣羽織を着て、場所請負人および通詞に連れられて陣屋に
出向いた。通詞が同行していることからもわかるように、まずは二つの異な
る言語集団による会合である。

　陣屋では、藩士側から日常的な心得についてのお達しがあり、アイヌ一同
はアイヌ式の最敬礼でそれを受け、挨拶をする。酒のつがれた盃とイクパス
イ（アイヌの木製の祭具）がアイヌの一人一人に渡される。彼らは「一斉に盃
をとりあげて、神様に向って殿様の厚意を謝し、殿様の健康を祈り神酒を頂」

いたという（満岡 1987: 199）。アイヌの「神様」への信仰と、和人支配者「殿様」への服従が同時に語られている。このように、満岡の聞き取り調査を通して知りえる限りの熊坂エカシテバの考え方においては、社会的には和人社会に従属し、精神的にはアイヌ民族の神とつながることが同居していたことがうかがえる。

　オムシャでお達しと挨拶がやり取りされた後、アイヌが藩士に踊りを披露して、和人とアイヌの会合は終了する。そのあとはアイヌのための酒宴である。陣屋の外の広場に酒宴の準備がされており、ここでは全部落の老幼男女が御馳走を頂き、歌や踊りをまじえて盛り上がったという。

　このように幕末シラオイにおけるアイヌ・コミュニティは、知行制度を通して相当程度和人社会に組み入れられているものの、アイヌ式の敬礼や祈り、アイヌ語の使用、アイヌ集落の共同性、いずれをみてもアイヌ集団として、和人社会に従属している。アイヌの人々は、広い意味で和人社会に組み入られながらも、しかし一義的には身近なアイヌ集団に所属していた。

　熊坂エカシテバや森サリキテにとっては、仙台藩士が天皇に置き換えられただけで、明治14（1881）年の天皇への拝謁も、オムシャの豪華版のごとく認識されたのではないだろうか。天皇の前に通詞をともなって出向き、酋長3名が盃を受け「神を祭り、蝦夷語をもって、聖天使の万歳を申上〔げた〕」。そして、踊りと儀式をお見せし、唐縮緬友禅染1疋、紋羽2疋、煙草30包、大山酒1樽、金925円25銭が下賜された（北海道庁 1930: 62;『北海道新聞』1881.9.17）。天覧のイオマンテは、オムシャの流れとよく似ている。

　このように、明治14年の天皇のためのイオマンテは、江戸時代における和人との関係を引き継いだものであり、当時のアイヌの人々にとってはわずかな変化であったと考えられる。当時、社会的に和人の支配者に従属することと、精神的にアイヌの神とつながることは同居していた。そしてイオマンテは、江戸時代から、支配的な隣人との外交のツールとして積極的に用いられていたし、天皇のためのそれも同様の意味合いがあったと思われる。熊坂エカシテバや森サリキテは天覧のイオマンテを通して、和人集団とアイヌ集

団の「対立」ではなく、「友好」を見事に演出したのである。

3　自律的な社会集団

　以上のように、天覧のイオマンテをめぐるアイヌと和人の関係は、明治以降の複雑な社会変化をあまり反映しておらず、おおよそ江戸時代の延長のように見受けられる。これまでもみてきたように、幕末において、シラオイのアイヌ・コミュニティは政治的・経済的に和人社会に組み込まれているものの、文化的には和人社会からの独自性や自律性を有している。それは明治14（1881）年においてもそれほど変化していないはずである。

　まず人口比率が、白老村の全人口 655 人に対してアイヌ人口が 498 人と、アイヌ人口が圧倒している[33]（白老町町史編さん委員会 1992b: 261, 944）。イオルの所有や利用に対する明治政府の法的介入は始まっているが、それらが直ちに実効性を持つわけではないだろう[34]。同化政策の法的根拠となる「旧土人保護法」もまだ制定されていない。

　そして、天覧のイオマンテに通詞が同行していたことからもわかるように（北海道庁 1930: 62）、この時代のアイヌの人々は特別な例外を除いては、和人の言葉（以降「日本語」）を話すことは出来なかった。熊坂エカシテバの息子のシタッピレ（第 2 章の主人公）でさえ日本語が不得意というのだから（満岡 1987: 241）、エカシテバの家庭内ではアイヌ語だけが使われていたことがわかる。また、第 3 章の主人公である森竹竹市が彼の自伝において、彼の祖母がまったく日本語を話さないので、彼女と話す時はアイヌ語を使わなければならなかったと記している（森竹 1977: 92）。つまり明治初期には、アイヌ語だけで社会生活が可能なほどに、和人社会から独立した、自律的なアイヌ社会が存在していたわけである。

　森サリキテにまつわるエピソードで、明治中頃のコタン社会の様子がうかがえるものがある。藤村久和が聞き取りをしたサリキテの親戚である田畑アキの口述によると、明治 38（1905）年にサリキテの妻スイサンが、飼って

いる仔熊に大怪我をさせられた。天覧のイオマンテから 24 年後、サリキテが 43 歳のときである。サリキテはたいそう憤慨し「こんなことをしでかすのに神様だなどといっていられない」と叫んで熊をその場で殺そうとした。周囲の人たちは「そう言うものでない」と思いとどまらせ、結果的にそれから 2 年後に盛大なイオマンテで仔熊を送ったという（田畑・藤村 1970: 105; 藤村編 1977: 1-2）。神と人間との関係はどうあるべきか、神らしい（あるいは、らしからぬ）熊の態度とはどのようなものか、逸脱状況において人間はどう対処するべきなのか、白老コタンの住民が一定の価値観を共有し共同でこの大事件に対処したことがわかる [35]。

　また、次のエピソードも明治中頃のコタン社会を知る手掛かりになりそうだ。明治 30 年ごろ、若い娘が和人の真似をして赤い下駄を買って履いていたところ、「アイヌの風習を破る不心得」として問題になった。すぐに「村の元老達」が 4、5 人連れでその娘の父親のところに出向いて話し合い、翌日再度集合して皆で神に「お詫びの祈り」をすることになったという（満岡 1987: 17）。「アイヌの風習」がコタンの全構成員を拘束し、コタンの「元老」に値する人物がそういった社会秩序の維持を担っている。いわゆる伝統的ムラ社会の様子が見て取れる。

　そのような社会集団の構成員にとって、「アイヌ」であることは自明のことであり、あえて客体化して、意味内容を検証するようのものではない。第 4 章の主人公である野村義一が『アイヌ民族を生きる』（1996）というタイトルの本を刊行していることと比較するとわかりやすいだろうか。平成初期に野村は、意識的に選択して「アイヌ」を生きたのである。それに比して、明治初期の熊坂エカシテバや森サリキテにとって「アイヌ」であることは選択の余地のない当然のことである。「アイヌ民族を生きる」という発想もなく、彼らはただ人間として正しく誠実に生きていたであろう。

　このように、アイヌ人口の圧倒、イオル・システムと伝統的な自治の存続、独占的なアイヌ語の利用といったように、この時期区分における白老のアイヌ・コミュニティは、和人社会から独立した自律的な社会集団である。土地

に根差した原初的な社会集団であり、構成員の帰属意識と文化的属性が統合されている。「アイヌ」が疑う余地のないあたり前のことだからこそ、おそらくコタンの集合的な必要にともなうイオマンテの「真似事」は比較的容易に容認されたのではないだろうか。続く時期区分において徐々に見ていくように、「アイヌ」が客体化され意味内容が検証されるにつれ、イオマンテの神聖性が高まり、型が重要視されていくことになる。

4　まとめ：村落共同体

　本章でみた天覧のイオマンテは、この後に続く近代の激しい社会変化の前のスナップショットである。明治初期において、白老のアイヌ・コミュニティは比較的閉鎖的かつ自律的な社会集団であり、個々人が和人社会にさらされているのではなく、アイヌ集団として和人社会にさらされていた。天覧のイオマンテは、和人集団とアイヌ集団、異なる社会集団が通詞を介して接した外交行事だったのである。

　その比較的閉鎖的かつ自律的な社会集団は、言い換えると、本質意思によって個々人が全人格的に統合されているような基礎的集団である。いわゆる村落共同体であり、良くも悪くも、自己アイデンティティや行動規範が安定している。そのような状況において、熊坂エカシテバと森サリキテにとってイオマンテは、民族性という意味において、非常にシンプルな行為だったはずである。これ以降にみるような、「アイヌ民族」に対する複雑な思いや、アイデンティティのゆらぎが込められたものではなく、一人前の男だからイオマンテを執り行う、それは当然のことで、それ以上でもそれ以下でもなかったと思われる。

　江戸時代のアイヌ集団が支配的な和人たちと外交をしていたように、またそのためにイオマンテを活用していたように、おそらく熊坂エカシテバは天覧のイオマンテを有力な外交のツールとして積極的に執り行ったと考えられる。それが和人主導で企画されたものであったことや、真似事としてやらざ

るを得なかったことについて多少の抵抗があったとしても、支配的な和人集団の最上位に位置する支配者を適切におもてなしするという当面の外交ニーズに鑑みるならば、さほど大きな障害ではなかったのではないだろうか。

　ところで、天覧のイオマンテは、参加したアイヌの人々にとっては小さな変化であったと考えられるが、白老の「アイヌ民族」にとっては大きな変化であった。これが「見せるためのイオマンテ」の始まりだといわれている（G氏 2000.9.18; 中村 2004; 白老町町史編さん委員会 1992a: 3）。このあと白老のアイヌ民族が日本中に知られることとなり、白老における「アイヌ民族」の観光産業化へ、そして博物館へとつながってゆくこととなる。

注

27　熊坂エカシテバの没年は不明。満岡によると「70 幾歳」で亡くなった（満岡 1987: 240）。熊坂エカシテバの名前の確認できる最後の資料が八田の活動写真を紹介する大正 14（1925）年の記事であり（『北海タイムス』1925.12.13）、没年はそれ以降である。

28　儀式に参加したアイヌの人々と熊の数は文献によってさまざまで、記録には 15 名から 60 名、2 頭から 3 頭までの幅がある（『函館新聞』1881.9.17; 満岡 1987: 253; 白老町町史編さん委員会 1992b: 19; 北海道庁 1930: 62）。本文では、ほぼ中間値にあたる『明治天皇御巡幸記』（北海道庁 1930）の数字を用いた。

29　幕末にも、文化的な抵抗についてのエピソードが残されている。1856 年、幕府から風俗や生活の和風化が命じられた際、「如何に…エントカムイ（江戸将軍様）の御達でも、この祖先から伝わったアイヌプリ〔アイヌ流〕だけは、止める訳にはいかないと言うことになり、絶対に応じないことに相談が決まった」という（満岡 1987: 249; 白老町町史編さん委員会 1992a: 390）。それに対して、天覧のイオマンテにおける真似事は容認可能な問題と「相談が決まった」ということであろう。

30　秋野によると、現在知られている盛大なイオマンテの様式は、江戸時代の場所請負制、つまり和人支配のもとで経済的力をもった乙名層によって形成されたという（秋野 2006）。イオマンテと外交はそもそも深い関係にある。

31　池田貴夫によると、1799 年に成立した村上島之允の『蝦夷島奇観』をベースとして、19 世紀に多くの模写が世に出されている。図 5 はそのような系統のアイヌ絵の一つである。作者の師である平沢屏山は十勝や日高でアイヌの風俗を取材したという（池田 2007）。なお、白老のイオマンテを描写したアイヌ絵はないという（G氏 2000.9.18）。

32　「ウイマム」も「オムシャ」も、本来は交易のための和人とアイヌの会合を指す。前者は城下交易体制、後者は商場交易体制での会合機会。前者はアイヌ語の「交易」

の意（和人が「御目見」と解釈）、後者はアイヌ語の「挨拶儀礼」の意に基づく（榎森 2007: 177-178）。そういった交易を介した友好の機会が、和人とアイヌの力関係を反映し、和人によるアイヌ支配を維持するためのツール、つまり服従の強制や懐柔の機会へと変容していったといわれている（白老町町史編さん委員会 1992a: 310; 満岡 1987: 139）。

33　全人口について、明治 14（1881）年の数字が欠落しているため明治 15（1882）年の数字で代用。

34　明治 5（1872）年に「北海道土地売貸規則」「地所規則」が公布され、明治 8（1875）年以降に狩猟に対する規則が定められ始めた（榎森 2007: 394-398）。このテーマは第 2 章で再述する。明治 15（1882）〜明治 19（1886）年札幌県におけるヒグマ猟についての「有害鳥獣獲殺」支給数をみると、アイヌ名の受給者が 66.1％で和名の受給者が 31.8％である（山田 2011: 139）。この時点で、アイヌの人たちが引き続き狩猟を多く行っていたことが推測される。

35　人を襲った熊の扱いについての白老コタンの風習について、第 2 章の主人公宮本イカシマトクが次のように説明している。間違って人を襲ってしまった善良な熊と、根本的に悪い熊「真の悪神（ウエンカムイ）」があり、両者は熊の形貌をみて判断ができる。そして、善良な形貌の熊には通常より少しのイナウを作って神の国へ送る。凶悪な形貌の熊は悪魔の国へ送る処置をするとある（門崎・犬飼 2000: 344-345）。

第2章　観光のイオマンテ（昭和7年）
──ビジネス戦略

◆　熊坂シタッピレ（明治6（1873）〜昭和17（1942））

戸籍名は運之丞。熊坂エカシテバの息子。「少し人が良すぎる位で、悪意の無い無邪気な男であった」という。幼少時代に白老に小学校が設置され、シタッピレが最初の生徒となる。宮本イカシマトクと並び、熊猟の二名人と言われた。シタッピレ以降の熊坂家の消息は不明[36]（満岡1923: 239; 白老町町史編さん委員会1992a: 219; 高橋1971: 161;『エカシとフチ』編集委員会編1983: 29）。写真は「山猟」（木下1988: 40、一般財団法人アイヌ民族博物館蔵）。

◆　宮本イカシマトク（明治9（1876）〜昭和33（1958））

戸籍名は伊之助。敷生コタン生まれ。白老コタンに転居した経緯は不明だが、小学校入学前には白老コタンに住んでいる。明治期には農商務省に雇われてラッコ・オットセイ猟の射手としてアリューシャン方面へ毎年のように出かけ、大正期以降は熊猟に移行した。熊坂シタッピレが亡くなったあと、白老における伝統的アイヌを代表する存在となり、「酋長」を名乗って戦後のアイヌ観光をけん引した。「シャレもの」で、外国で入手したと思われるラシャのコートだとかジャングル探検の時被るような帽子を持っており、いつも頭髪や髭をきれいに梳かしていたという（白老楽しく・やさしいアイヌ語教室2013; 白老町町史編さん委員会1992a: 10, 219;『エカシとフチ』編集委員会編1983: 57）。写真は「孫とくつろぐエカシマトク」（白老楽しく・やさしいアイヌ語教室2013: 9）。

44

1　一般来観歓迎の熊祭り

1　盛大に執り行う

昭和7（1932）年、1月9日に宮本イカシマトク（56歳）が2頭、その翌日の1月10日第1章の主人公熊坂エカシテバの息子である熊坂シタッピレ（59歳）が1頭の仔熊を送った。

当時の新聞記事には、「白老コタンに於ける恒例のアイヌ熊祭りは来る九、十の両日に亘り

写真1　たくさんの見物人
（木下 1988: 23、一般財団法人アイヌ民族博物館蔵）

盛大に行われる…一般の来観を歓迎する」と記されている（『室蘭毎日新聞』1932.1.7）。大正初期から昭和10年代にかけて、このような一般来観歓迎の熊祭りが頻繁に行われている。そのうちの、昭和7年に実施された熊祭りの様子が、木下清蔵の写真集に詳しく記録されている。仔熊を檻から出す場面、檻から出された仔熊を引き回し遊ばせる場面、女性たちが手拍子を取って掛け声をかけている場面、仔熊を花矢で射っている場面（**写真1**）、仔熊の首を丸太で絞める場面、息を引き取った仔熊の前で祈りが捧げられている場面（**写真2、写真3**）など、イオマンテ二日目本祭りの一連の様子が写真に収められている（木下 1988: 22-26）。

小川正人が写真2に記録されている状況について興味深い問題を提起している。

　　ヌサ（祭壇）はカムイの送られる方向であるから、そこに人は立ったり入ったりしちゃいけないんですが、ヌサのところに見物人が入り込んでいる…。これ、ヌサの後ろから見ると、熊の顔が正面から見えるので、写真撮ったり見物したりするには大変いいアングルになるので、こんなに大勢の人が入り込むのでしょうが、ここに人は立ってはいけないんです。だけど、見

物人が殺到すると、たぶん
アイヌのほうではとても抑
えきれなくなって…。（小川
1997a: 271）

写真 2　見物人に取り囲まれる
（木下 1988: 26、一般財団法人アイヌ民族博物館蔵）

　小川が言うように、息を引き
取った仔熊の前面、最も神聖と
されている場所に見物人が立っ
ている。見物人が正面から熊を
見たい動機はわかるが、それを
させている祭主（この写真の祭
主は宮本イカシマトク）はどう感じているのだろうか。小川が推測するように、
見物人を抑制することが出来ず、やむを得ず放置しているのだろうか。

　この問いを、アイヌ文化伝承者であるアイヌ民族博物館の学芸員に訪ね
てみたところ、それはご自身にとっても興味深い疑問だということだった。
写真のような状況は確かに問題で、現在であれば縄を張って聖域への立ち
入りを禁止している。それなのに、アイヌ語を母語としていた昔のアイヌ
がなぜ見物人を聖域に入れたのかはわからないという回答であった（G 氏
2000.9.18）。

　そこで本書では、僭越ながら一つの仮説を提示してみたい。見物人が聖域
にいるのは、見物人を抑制することが出来なかったという消極的な理由では
なく、祭主である熊坂シタッピレや宮本イカシマトクが主体的に見物人を聖
域に招いたからではないだろうか。経済的利益のためにイオマンテを不特定
多数に向けて披露すること、それによって儀式に変化が生じることに関して
は、おそらく不愉快な思いがあったかもしれない。しかし彼らは、観光のイ
オマンテを主体的に演出したのだと思われる。それができるのも、彼らが「ア
イヌ語を母語」とし、アイヌ文化の担い手としてのゆるぎない自信があるか
らである。神と対話が出来る立派なアイヌの男として、神との交渉において
可能な範囲内で、イオマンテの一部を和人見物人に提示したと考えてみたい。

2 ビジネス戦略：ヌサの位置の変更

　写真をよく見ると、ヌサの前に見物人が入り込んでいるのではなく、ヌサの位置がそもそも「あるべき場所」にないことがわかる。ヌサの「あるべき場所」とは**写真 4** のモンタージュ写真のような場所である。この写真が掲載されているのは金田一京助によるアイヌ民族の解説本で、昭和 16（1941）年に鉄道省国際観光局が外国人向けに出版したものである[37]。

写真 3　オリジナルの写真
（木下 1988: 26、一般財団法人アイヌ民族博物館蔵）

写真 4　金田一京助のモンタージュ写真
（Kindaichi 1941: 55）

　写真 4 は木下の写真（写真 3）をベースとしているが、見物人が消され、そのかわりにヌサが合成されている。ヌサの飾りつけはどうあれ、これが当時の学術的な見解としてのヌサの「あるべき場所」、すなわちそれまで調査されてきたイオマンテにおいてヌサが配置されていた「正しい」場所ということである。

　それに比してオリジナルの写真（写真 3）を見ると、熊坂シタッピレの背後にヌサは見当たらない。河野広道の記録によると、大きい方のヌサ（ポロヌサ）ではなく、小さい方のヌサ（ポンヌサ）の前に熊が配置されているらしい（河野広道博士没後二十年記念論文集刊行会 1984: 70, 88）。また、写真 2 の宮本家のイオマンテでは明確に、大きいヌサと小さいヌサの間に頭を向けて仔熊が寝かされているのがわかる。いずれにしても、両者とも、金田一が考える「正しい」位置ではなく、もともと大きいヌサからずれた場所に、息を

引き取った仔熊と、祈りを捧げる古老たちを配置している。つまり、見物人がやみくもに聖域に入り込んできたというよりは、アイヌの側が主体的に、見物人が見物したいものがより見えやすいように儀式の配置を変更しているように見受けられるのである[38]。

　熊坂シタッピレと宮本イカシマトクがそのような「不徳」な演出をした理由、そしてまたそれがアイヌ文化の担い手としてのゆるぎない自信によるものであるという意味を、当時の社会状況から読み解いていこう。

2　大正〜昭和初期の社会環境

1　人口比率

　前章の時代である明治初期と比較して、昭和初期のこの時代、アイヌの人々の社会環境は大きく変化している。まずは道内の人口比率を確認しよう（**図7**）。アイヌ人口の方は、江戸期から明治の終わりにかけて、おおよそ 1 万 5000 人から 2 万 2000 人の間で推移している。他方、和人を含めた全人口は、1700 年（5 代将軍綱吉の時代）の 2 万人から明治 2（1869）年の約 6 万人まで

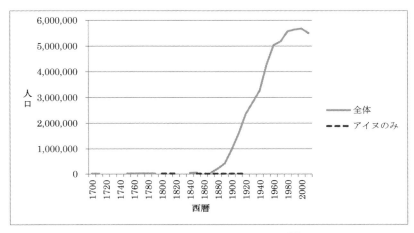

図 7　蝦夷島／北海道の人口推移[39]

は緩やかな増加であるのに対して、明治時代に入って激増する。明治6(1873)年には2倍の約12万人、明治26（1893）年には10倍の約60万人。本章の観光イオマンテが実施された昭和7（1932）年には280万人強にまで増えている。明治政府の開拓政策により、和人が北海道に大量に移入してきたのである。よく言われるように、アイヌが暮らしていた「アイヌモシリ」が、和人比率の圧倒的に高い「北海道」へと変化していったことがみてとれる。

　白老村においても、昭和7（1932）年時点の全人口6,290人に対して、アイヌ人口が860人（白老町町史編さん委員会 1992b: 263, 947）。前章の明治14（1881）年時点の人口比率とは反対に、全体の8割強が和人に転じている。土地の国有化（イオルの接収）を抜きに単純に考えても、白老川水系流域の自然資源を39戸209人（村域全体で87戸413人）で利用していた江戸末期のイオル・システムはもはや維持不可能である。自然資源に比して人口が増えすぎたし、しかも伝統的なイオル・システムのルールを共有しない和人人口が圧倒的に増加したのである。

2　経済環境の急激な変化

　江戸幕府とは異なり、明治政府は北海道という国土を主体的に管理し始めた。明治5（1872）年、北海道の土地、すなわちアイヌの人々がコタン間で分領していたイオルに近代的所有権概念が導入され、実質的に、アイヌの人々の利用と管理に係る慣行的な権利が認めることなく国有化された。また、明治8（1875）年から狩猟に法的規制がかけられ始め、鹿猟が禁止されたり、狩猟のために免許や届け出が必要になったり、猟税がかけられたり、毒矢の使用が禁止されたりした[40]（榎森 2007: 394-398; 山田 2011; 吉田 2011）。イオルが、江戸時代のように暴力的に荒らされるだけではなく、抜本的に解体されていったわけである。

　アイヌの人々は、これまでの経済活動ができなくなっただけではなく、新しい「北海道」という和人優位社会においても、言葉や習慣の違いから不利な立場に立たされた。新しい社会環境に適応力の高かった個人や、与えられ

た給与地の場所が産業に適していた等の恵まれた個人もまれにいたようだが（北海道庁 1935: 338; 貝沢 1931: 379）、多くのアイヌが特別に「保護」されなくてはいけないほど貧窮し、明治 32（1899）年に「北海道旧土人保護法」が制定されるに至る。

　白老コタンでは、昭和の始め、男性の多くが出稼ぎ漁夫として働いていた（北海道庁 1935: 295-296; 河野編 1984: 196-200; 満岡 1987: 30-32;『北海タイムス』1923.12.18）。「三月から五月の終までは鰊場に行き、六月から九月まではカムサッカに行くという風に、一年の間七八ヶ月は村を出」て働いていた（北海道庁 1935: 295）。それでも生計は安定せず、「この当時アイヌの人たちの中で裕福な者はおらず、ほとんどが貧しい生活状態」であったという（白老民族文化伝承保存財団 1982b: 3）。漁業をするにも船や漁具といった資本を和人から借りねばならず、農業に適した土地を持たず、未開地売り下げの機会においても和人に先を越されてしまう（河野編 1984: 209-211）。白老コタンの人々の「眼は猜疑に光り不安に戦き、其の面貌には憂色漲り…」と貝沢藤蔵は当時の白老コタンの状況を描写している（貝沢 1931: 376）。

　ただし、猜疑や不安といった弱者としての側面だけではなく、和人優位社会に適応しようとするアイヌの逞しい姿を伝える記録もある。一つの仕事ではなく「時期ごとに何でもやるのが、〔当時の〕アイヌの人たちの生活」で、夏は漁業、冬は大根栽培やポロト湖の氷切りなどもやっていたという[41]。宮本イカシマトクは、鉄道開設前に白老と苫小牧間（約 20km）の駅逓夫をし、戦争中には旭川の師団まで大根を運んだこともあるという[42]（大須賀 2000: 146; 白老楽しく・やさしいアイヌ語教室編 2013: 10）。そのような、生きていくために「何でもやる」時代における一つの収入機会、ビジネス・チャンスとしてアイヌ資源の観光化があったわけである。

3　自治組織の変容

　次に、新しい和人優位社会における、アイヌ・コミュニティの様子を見てみよう。明治 22（1889）年の郡区町村再編成のとき旧土人給与地として

白老コタンが指定され、当時「ウヨロ、ブーベツ方面に散在セル旧土人 70 余戸」が白老コタンに移住した（白老村 1923: 7; 白老町町史編さん委員会 1992b: 1282-1283; 藤村編 1976: 1-2）。

その旧土人給与地としての白老コタンをみてみよう。少し時代が下るが、**図 8** は佐久間学と羽深久夫が、大正 1（1912）年の「胆振国白老郡白老村字コタン旧土人下附実測図」に、昭和 15（1940）年に鷹部屋が調査した 20 名の居住地と、昭和 12（1937）年まで存在した白老第 2 小学校および北海道庁立白老病院

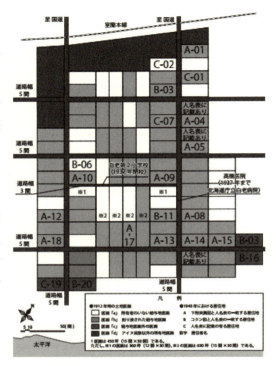

図 8　白老コタンの土地区画図

(佐久間・羽深 2015: 169)

を配置したものである。大正 1（1912）年時点、360 坪 2 区画、450 坪 90 区画、630 坪 4 区画の、計 96 区画が整備されている（佐久間・羽深 2015: 168-169）。

この明治 22（1889）年の二度目の集住措置のときには、先述したように、イオルであった土地はすでに国有化されており、そこでの狩猟活動にもさまざまな制限が加えられ、アイヌの人々の生活はイオルと切り離されつつあった。そして集住後まもなくの明治 25（1892）年、白老コタンの近くに白老駅が開業し、白老コタンは、駅周辺に位置する住宅地区の一つへと発展していくことになる。つまり明治中期以降の白老コタンは、「コタン」といっても、イオル共同体（の複合体）ではなく、生活共同体へと徐々に変質していく。

地域の主要課題がイオルの管理から共同生活の管理に移ると、コタンコロ

クルを中心とした伝統的な自治のありようも変化していく。北海道庁が大
正 6（1917）年に実施した調査をみると、コタンコロクルの役割は大きく後
退している。他地域においては、コタンコロクルに権威があり、部落を統率
し、紛争解決や救済も部落単位で執り行われているケースがあったようだが、
白老ではそのようなコタンの自治はほぼ解体していた。「旧酋長の血統尚存
し、部民はこれに対し尊敬の念を有し、葬祭其の他の集会に当りて上座に就
かしむるを常とするも昔時の如き部落統制の勢力権威は全く無し」とあり、
裁判、財政、救済にも関与していないと説明されている（北海道庁 1918: 511-
513）。つまりこの時点において、満岡がいうところの、コタンコロクルの「神官」
機能は存続しており尊敬の対象ではあるものの、「最高顧問」機能（以降「政
治機能」とよぶ）は失われている。

　他方、その頃、和人主導による新しいタイプの住民の組織化がなされ
る。大正 4（1871）年に、共同浴場、海岸目標灯、組合貯金、精神修養、講
和等を目的として「白老土人協会」が組織されている。その他「古潭婦人
会」、「白老古潭青年団」、「白老第二尋常小学校同窓会」や「保護者会」も同
じ頃に組織されている [43]（河野 1984 編: 206-207; 白老村 1923: 23-24;『北海タイ
ムス』1916.7.29）。新しいタイプのこれらの組織化や運営は、和人の主導による。
白老土人協会の初代会長が白老郵便局長の満岡伸一で、その後任が第 1 章で
登場した森サリキテである。その他、北海道庁立白老病院（「土人病院」とも
呼ばれた）医師の高橋房次や白老第二小学校（「土人学校」とも呼ばれた）校長
の山本儀三郎も各種アイヌ住民組織の役員を務めている（河野編 1984: 207; 満
岡 1987: 256）。なかでも、山本の貢献は随所に記録されている。土地払下げ
の事務手続き（大正 9（1876）年）や大型漁船の購入にも尽力し、「第二小学
校の職員室には、…コタンの幹部や婦人会の役員がひっきりなしに来ては
先生と様々なことを相談していた」という（白老民族文化伝承保存財団 1982b:
2-3; 白老町町史編さん委員会 1992b: 1285; 河野編 1984: 211）。後述するように、ア
イヌ観光の起源も山本の発案による。

　このようにこの頃の和人優位社会におけるアイヌの人々の生活上のニーズ

は、イオル共同体の知恵や技術の熟達者であるコタンコロクルではなく、身近な和人協力者の支援によってより有効に組織されていた。大正12（1923）年に「熊坂エカシテバは祈祷者なり」と紹介されていることをみても（河野編1984: 208）、コタンコロクルの政治機能が取り除かれ、神官機能のみ存続していたことが伺える。熊坂エカシテバの没後はシタッピレが「コタンの儀式などの時は、酋長として祭祀を司」っており（満岡1923: 240, 190-195）、その後昭和30（1955）年の「コタンをあげて実施した最後のイオマンテ」では80歳の宮本イカシマトクが祭主を務めた。このようなコタンコロクルの神官機能を引き継ぐものが、次第にアイヌ観光を牽引するようになる。

4　観光ビジネスの始まり

　白老においてアイヌ観光がはじめられるまでの過程を見ていこう。天覧のイオマンテに続き、白老には多くの要人が来村してアイヌ民族を訪ねている。明治44（1911）年に大正天皇の侍従、大正7（1918）年に閑院宮載仁親王、昭和3（1928）年に徳川喜久子（後の宣仁親王妃喜久子）、昭和7（1932）年に澄宮崇仁親

写真5　昭和11年　朝香宮鳩彦王のコタン視察
（白老町町史編さん委員会1992b: 22、写真提供：白老町教育委員会）

王、昭和9（1934）年に北白川宮永久王、昭和11（1936）年は4月に李鍝公、9月に朝香宮鳩彦王（**写真5**）、10月に東久邇宮稔彦王、昭和14（1939）年に朝香宮湛子女王など、要人の来村は延々と継続する（白老町町史編さん委員会1992b: 21-24）。

　このような要人の来村、および研究者や行政の視察に際して[44]、白老コタンのことをよく知る和人である満岡郵便局長、山本小学校長、高橋病院長などが来訪者をアイヌ民族に引き合わせていた。そして、熊坂エカシテバや

森サリキテなどコタンコロクル格のアイヌが要人の対応を務めた[45]。

そのような要人や和人エリートの来村を通してアイヌ民族の住む村として白老が広く知られ、一般の観光客が訪れるようになったのは大正 8（1919）年頃からだという（白老町町史編さん委員会 1992b: 21-23, 1283）。時代が進むにつれ、北海道にさまざまな社会階層の和人が多く住むようになり、また開発により道外からの観光も容易になり、アイヌ民族に関心をもつ和人が一部のエリート層から大衆へと拡散していった。昭和 15（1940）年頃に戦時体制に入るまで白老村の来訪者は年々増えていった。

和人の来訪者をビジネス・チャンスにつなげようと、「観光〔を〕はじめたのが〔山本〕先生だった。アイヌのために生活基盤の確立のために観光をやるように勧めた」のだという（山本 2010: 21）。皇族たちがアイヌ児童用の小学校を視察する際に、校長の山本先生が白老コタンの女性を組織して校庭にてアイヌの伝統の踊りなどを披露した。女性たちも、「多少の賃金を呉れるなら」と賛同した。そして団体客から踊りの依頼があった際にも、小学校で放課後に舞踊を見せるようになった（北海道庁 1935: 319-320; 白老民族文化伝承保存財団 1982b: 3; 木下 1988: 29）。白老コタンのために尽力した山本先生は、同じ目的のために、子供たちには「早く同化してしまえ」とアイヌ語の使用を厳しく断じ、大人には伝統文化の実践を奨励した（山本 2005: 21）。次章のテーマを先取りすると、アイヌ文化の実践を禁じながら奨励する、同化政策の複雑さがここにもみられる。

他方、近しい和人の媒介で要人の対応をしていたコタンコロクルの末裔も、大正の頃から、一般の観光客を相手にするようになっていった。河合裸石『熊の嘯』には大正 4（1915）年以前に著者が旅館の少年の案内で熊坂シタッピレの家を訪ねて宝物や踊りを観ている様子が描かれている（河合 1915）。金井紫雲『花鳥研究』には昭和 2（1927）年に著者が部落で出会った少女の案内で野村エカシトク（第 4 章の登場人物である野村儀一の従祖父）の家を訪ねて話を聞いている様子が描かれている（金井 1936）。熊坂家も野村家も（白老コタンの中央付近）、観光客が来たら案内する場所としてコタン周辺の人々か

ら認識されていたことがわかる。

　野村エカシトクはなかなか商売気があったようで、昭和12（1937）年の新聞に、71歳にして「コタン唯一の陳列館」を経営している様子が記されている。「器具を見せながら…伝説的な話を面白く説明」し、道具を見せると1円、写真を撮ると2円は出さないと言い顔をしないとある[46]（『北海タイムス』1923.5.20）。そして野村エカシトクと熊坂シタッピレは客をめぐって競い合っていた（北海道庁 1998: 319; 田辺 1984: 37-38）。森久吉によると、満岡がもともとは野村エカシトクに客を引き合わせていたが、熊坂シタッピレのところに連れて行くようになり「お互いに仲違いが生じた」。「動もすると視察者の争奪戦が駅頭に始ま」ったという（北海道庁 1935: 319）。

　次いで宮本イカシマトクが観光ビジネスに参戦すると[47]、彼は熊狩りの名人で熊猟の経験が豊富であり、また「話も上手で人気も高まり、ますます観光客も増加した」という（田辺 1984: 38; 白老楽しく・やさしいアイヌ語教室 2013: 7）。熊狩りと言えば、熊坂シタッピレと宮本イカシマトクは「白老の二名人」と言われるほどであるから（高橋 1971: 161）、観光イオマンテをめぐっても両者はしのぎを削っていたことが想像される[48]。儀式の配置の変更はそうした、ビジネス戦略の一環と考えられる[49]。

3　文化の担い手

1　神官機能

　ビジネス戦略のためにイオマンテを利用したからと言って、それは熊坂シタッピレと宮本イカシマトクがアイヌ民族の信仰心や価値観を放棄したことを意味するのではない。むしろ、その反対である。先述したように、和人優位社会の新しい白老コタンにおいて、熊坂シタッピレと宮本イカシマトクのようなコタンコロクルの系譜は、政治機能（最高顧問）を有してはいないが、宗教機能（神官）を担っている。神との関係を司る専門家なのだ。

　経済環境も政治環境も大きく変化した白老のアイヌ・コミュニティにおい

て、宗教観は比較的変わりにくいものであったようだ。大正 6（1917）年に
道庁が実施した調査によると、全体的にアイヌの人々が「固有の信仰を離れ
て他の宗教に同化せしむることは容易ならざるもの〝如し」とあり、白老が
位置する室蘭支庁管内においては「殆ど同化上の望なきが如し」と評されて
いる（北海道庁 1918: 542-543）。昭和 6（1931）年に貝沢藤蔵も、宗教観念の
変わりにくさを次のように説明している。「近時若きアイヌ人の自覚に依っ
て迷信的な風習が次第に薄れてきましたが、古代より伝はりし伝統の力は一
朝一夕にして改むることが出来ず、…其中で最もウタリ（同族）等の心に沁
み込んでいるものは宗教観念であります」（貝沢 1931: 380）。また昭和 10（1935）
年の道庁主催による「旧土人保護施設改善座談会」において住宅改善に関し
て、浦河町からの参加者が「神様を祀る意味に於いて、お日様の出る方から
東南に掛けて窓が必要」との指摘に呼応して、次章の主人公である森竹竹市
も「現在はまだ年寄りがいるから、東の方に便所があっては困る」と発言し
ている [50]（北海道庁 1935: 313, 316）。

　宮本イカシマトクも「宗教観念」が「心に沁み込んでいる」側の世代であ
る。息子の話では、父の猟に同行し山で熊が獲れた際、祈りを捧げるための
酒を買ってくるよう命じられ、何十里も歩き二日がかりで町と山を往復させ
られたという。アイヌ風の考え方では「イクパスイ〔木製の祭具〕から…滴
る酒の一滴が幾層倍になって神の基へ祈りの言葉と共に届くもの」と信じら
れているため、神との交流には酒が必要なのだという。宮本家では、そうま
でしてアイヌ風の考え方に則した神との交流が重んじられていたことがわか
る（白老楽しく・やさしいアイヌ語教室 2013: 12）。

　また、宮本イカシマトクが不本意ながら GHQ のスイング少将のために
イオマンテを実演することになったエピソードがある [51]（高橋 1971: 161; 小
川・山田編 1998: 262-264; 白老楽しく・やさしいアイヌ語教室 2013: 13-14）。その際、
送ることのできる仔熊を飼育していなかったようで、急きょ山に熊猟に入っ
た。運よく一週間ほどで熊を捕獲することはできたのだが、通常は山で捕れ
た熊は山で解体するところ、その時そのまま里に下げなくてはいけなかっ

たので、「祖先から伝わるアイヌの風習でないことを初めてしたので、…気分が悪かった」と話していたという（白老楽しく・やさしいアイヌ語教室 2013: 12-14）。このエピソードからも、神との交流についての伝統的な考え方や作法が、宮本イカシマトクの「心に沁み込んで」いたことがうかがえる。

2　神との交渉

そのように神との交流に慎重な宮本イカシマトクは、そしておそらく同様に祖先から言い伝えられてきた考え方や作法を重んじていたであろう熊坂シタッピレは、神との交流における長い経験と、よって神と良好な関係を取り結ぶことに対する自信をもっていたはずである。だからこそ彼らは、自信をもって、社会環境の変化に即した伝統作法の微調整を行うことができたのである。

そしてその微調整は、神との交渉において許されると考えられる範囲内で行われたであろうことが、観光に供されたイオマンテが部分的なものであることから想像される。本章冒頭で見た観光イオマンテの写真は溢れんばかりに見物人が写り込んでいた。しかし**写真6**をみると、ヌサと仔熊の位置関係は先の写

写真6　見物人のいない写真
（木下 1988: 27、一般財団法人アイヌ民族博物館蔵）

真2と同様であるが、見物人は写り込んでいない。周りに見物人がいたとすれば、それを排除することは容易ではないであろうから、この写真は見物人が去った後の写真だと考えられる。そうであれば観光用に切り売りされた過程はここまでということになる。つまり観光用に切り売りされたのは2日目の本祭りであり、かつ戸外の儀式までである。ちなみに、河野広道によると、このとき宮本家でも熊坂家でも、通例通り3日間の日程でイオマンテが実施

されている（河野 1950）。

　実はこの切り売り現象はそれほど珍しいことではなく、江戸期に実施され
たイオマンテにおいても和人が全過程を見物していたわけではないという。
佐々木利和はイオマンテの復元を目的として近世の資料を調査する文脈にお
いて、「残念なことにイオマンテのクライマックスともいえる頭骨の解体…
の儀礼の過程の報告がない」と記している。最も包括的かつ観察精度の高い
資料として挙げられている村上島之丞（秦檍丸）の資料でさえ、二日目の夜
の解体儀礼は記録されていない。この部分は限られた者のみによって共有さ
れる「秘儀」であったと解釈されている（佐々木 1990: 118）。

　昭和 7（1932）年の観光イオマンテの場合は、河野広道が「秘儀」の部分
も観察し記録に残しているが[52]、少なくとも不特定多数の見物人に公開さ
れているわけではない。河野の報告をみる限り、2 日目の夜の儀式の過程は
アイヌの人々のための祭りの場である（河野のようなイオマンテの重要性を共
有する少数の和人を含め）。家からはみ出しそうなほどのたくさんのアイヌの
老若男女が集い、にぎやかに激しく踊り、酒宴を張っている（河野 1950: 66-
75）。当時の状況を知る人の話では、祭りには近所の人が集まって準備や儀式
を手伝い、祭りに参加し、終わったら熊肉を分けてもらい持ち帰ったという
（D 氏 2015.7.31）。

　昭和 7 年の観光イオマンテは――本書では便宜上そのように呼称している
が――観光のためのイオマンテではない。一義的には飼い熊を送るためのイ
オマンテであり、また「アイヌ民族」を実践する稀少な機会であり、近隣住
民との親睦の場であった。そして副次的に、その一部が、経済的利益のため
に観光用として切り売りされたのである。

4　まとめ：アイヌ民族としての自信と誇り

　以上本章では、たくさんの見物人に取り囲まれているイオマンテの写真を
題材として、そのような状況がアイヌの祭主らの主体的な演出によるもので

あり、それが可能なのもアイヌ文化の担い手としてのゆるぎないコミットメントと自信があるからという仮説に沿って議論を展開した。

　白老のアイヌ・コミュニティは、前章と比して大きく変化した。比較的自律的なイオル共同体から、白老村に属する一つの生活共同体へと変質した。それにともない、コタンコロクルの政治機能は町内会様の別の組織に引き継がれた。そして経済的には、個々別々に新しい和人優位社会において、新しい活路を見出さねばならなくなっていた。そのような時代に、コタンコロクルの神官機能を引き継ぐ者が、イオマンテをビジネス・チャンスと捉え観光の文脈に活用していったのである。イオマンテはイオル共同体の維持管理というコタン全体を包摂する公的なニーズから切り離され、狩猟と伝統文化に長けた個人を中心とする私的な行事へと変化した。

　当時の日本社会はアイヌの人々にとって決して容易なものではなかったし、ましてやイオマンテを観光に供することについて当事者には不愉快な思いもあったかもしれない。しかし、観光イオマンテをそういった悲壮感でのみ読み解くのは片手落ちである。一般来観者を積極的に呼び込み、そのために儀式の型を大胆に変えたところに、むしろ「アイヌ語を母語とする」祭主らの自信や誇りを読み解くことができるように思われるのである。

　宮本家のイオマンテ 3 日目の朝、河野広道が宮本家に顔を出した時、宮本イカシマトクは一人で「私たちの近づくのも気付かずに満足そうに〔新しい頭骨が飾られた〕ヌササンにみとれて」いたという（河野 1950: 76）。「『熊送り』の儀式を盛大に行うような心がけのよいアイヌには猟が多い」と考えられており（河野 1950: 85）、つまり新しい頭骨が飾られた宮本家のヌサはまさに「心がけの良いアイヌ」の証だという。その証に見とれていたというエピソードからも、宮本イカシマトクにとって観光イオマンテが、単なるビジネス・チャンスというだけではなく、プライドをもって全過程のイオマンテを取り仕切っていたことがうかがえる[53]。

　明治の初めに生まれた熊坂シタッピレと宮本イカシマトクにとってのイオマンテは、有力なビジネスツールであると同時に、アイヌ文化を体現する喜

びであり、それを実施することができる誇りだったと思われる。そうしたアイヌ語を母語とする世代だからこそ[54]、長い経験に裏打ちされた誇りと自信を持って、自らが考える可能な範囲内で、儀式のかたちを大胆に変更することができたのである。

　ところが、当時の白老コタンの住民すべてが熊坂シタッピレや宮本イカシマトクと同じ価値観を共有していたわけではない。先述したように、イオマンテは白老コタン全体を包摂する公的な行事から、観光酋長を中心とする私的な行事へと変質していた。次章では、そのような私的な行事であるところの観光イオマンテを批判的にみていた当時のアイヌ若年層の目線にシフトする。

注

36　2015 年に白老アイヌ協会にご協力いただいた現地調査の限りでは熊坂家の末裔の消息はわからなかった。大正以降の熊坂家についての数少ない記録としては次のようなものがある。おそらく小樽新聞記者が喜多章明とともに、「コタンの旧家」である熊坂家を訪れ、当主および妻（エトロ）、息子（ホロモツタ）、嫁（トコエライ）、その他孫などのアンルン、シユマルケ、コトニハンと会っている（河合 1915;『小樽新聞』1915.2.16）。また郷土史研究家の聞き取りにより、シタッピレの妻が昭和 6 （1931）年に亡くなり、その子孫が平成 14 （2002）年時点、「学校の西隣り」に住んでいたとの情報がある（山本 2010: 25）。

37　このような研究はのちに、「落ち穂拾い」や「サルベージ・エスノグラフィー」と呼ばれる、大正から昭和にかけて広く行われたアイヌ研究である（木名瀬 1997; 太田 1993）。同化政策によりアイヌ文化が否定されていた時代に実施されたもので、「消えゆく」アイヌ文化を、消え去る前に「正しく」記録しておこうとする一連の研究成果である。このタイプの研究の特徴として、アイヌの主体性が見過ごされる傾向がある。たとえば、昭和 29 （1954）年、弟子屈町川湯観光協会の主催で「熊祭り」が催され、札幌から「有名な学者」7 名が訪れ一番良い席で見学していたという。その日のイオマンテでは、当時の動物愛護にもとづく批判に配慮し、熊の首を丸太で絞める工程が省略された。それに対して学者らは、そのイオマンテを「ウソとデタラメ」であり、「当時…アイヌ民族の中でも最も信望のある長老」（西浦 1997: 219）であった山本多助を「ペテン師」と酷評したというエピソードが残されている（丹葉 1993）。そのように、なんらかの静態な「文化モデル」を想定し、そこからの動的な文化変容を認めない考え方を「文化本質主義」という。昭和 53 （1978）年に出版されたエドワード・サイード（Edward Said）の『オリエンタリズム』を大きな契機の一つとして、世界的に、「誰が」

「いかに」文化を語るのかといった文化を表象することに対する反省が促され、日本のアイヌ研究においても平成元（1989）年、日本民族学会（現日本文化人類学会）が「アイヌ研究に関する日本民族学会研究倫理委員会の見解」を表明した（日本民族学会研究倫理委員会 1989）。そこで、「一般的に、民族文化は常に変化するという基本的特質を持つ」が、明治以降の文化研究においてはその基本認識を欠くという誤りが生じていたことが反省された。同見解では、学術研究において「アイヌ民族の意思や希望の反映」が不十分であったことも反省されている。本書もこの反省を踏まえ、本質主義的なアイヌ理解を可能な限り排することに努めている。しかし、あえて本質的ないいかたをするならば、アイヌ民族に帰属意識をもちコミットしている個々人を文化の担い手とみなしたうえで、そのような人たちがある程度集合的に、切実な必要に応じて実践しているイオマンテを「本物」のアイヌ民族の文化的表現とみなしている。その意味において、写真3を本物、写真4を偽物のアイヌ文化と捉えている。

38　大正14（1925）年12月に八田三郎が熊坂エカシテパを祭主に撮影した活動写真においても、息を引き取った後の熊の配置が金田一のモンタージュ写真とは異なる（八田 1925）。角度の加減が明確にはわからないが、昭和7（1932）年の観光イオマンテに近いように見受けられる。収集資料を見る限り大正2（1924）年から一般観覧をともなうイオマンテが頻繁に行われるようになっており、その頃に配置の調整がはじまったのかもしれない。また、昭和30（1955）年の町制施行記念行事のイオマンテにおいてもこの配置は引き継がれている（白老楽しく・やさしいアイヌ語教室 2013: 13; 木下 1988: 101; 白老民族文化伝承保存財団 1982a: 4）。

39　北海道全体の人口は北海道（2015）、アイヌ人口は北海道庁（1918）を参照した。江戸時代の人口はデータが存在する場合についてのみ、年度を四捨五入して入力した。つまり線が途切れている部分はデータが存在しない部分である。

40　明治5（1872）年の「北海道土地売貸規則」「地所規則」、明治10（1877）年の「北海道地券発効条例」の制定により、イオルは無主物とみなされ官有地となった。明治8（1875）年の「胆振・日高両州方面鹿猟仮規則」で鹿の主要な生産地である胆振日高地方において狩猟に免許鑑札制が導入され、明治9（1876）年の布達で毒矢猟が禁止された（榎森 2007: 394-398; 山田 2011; 吉田 2011）。

41　山本によると、昭和初期の「白老は『浜の人』と『町の人』、そして『山の人』の三段階」になっており、「浜の人」は漁業を専門とするが「出面取り（日雇い）」で何でもやり、「町の人」は商店や月給取り、「山の人」は農作物生産や木こりなどしたという（山本 2010: 22）。この分類でいうと、アイヌは「浜の人」にあたる。

42　本章冒頭の紹介文にも記したように、宮本イカシマトクは、明治時代には農商務省に雇われてラッコ・オットセイ猟の射手としてアリューシャン方面へ毎年のように出かけていた（白老楽しく・やさしいアイヌ語教室 2013: 7; 函館市 1990）。オットセイ船の射手は、東京湾で射撃試験をして採用されるもので高級船員の待遇であった。本人によると、地元白老ではアイヌとして「とかく軽蔑されがちで不快であるが」、オットセイ船の射手は金筋入りの帽子と肩章を身につけ、横浜の町を歩いても下級船員に敬礼されることが「何よりも満足であった」という（アイヌ文化保存対策協議会 1970: 366）。明治45（1912）年にラッコ・オットセイ猟が中止になってからは、「海

から陸に上がる感じで熊猟に専念」したという。熊の皮を乾燥させて溜めておき、函館方面の毛皮商人が買い付けに来た時に熊の胆と一緒に売ることで、かなりの現金収入になったという（白老楽しく・やさしいアイヌ語教室 2013: 11-12）。

43　白老の村政は大正 7（1918）年に戸長役場から二級町村制へ移行した。ちなみに、戸長役場時代（明治 12 年～大正 8 年）22 代の戸長が選任されているが、その二代目（明治 13 年～明治 14 年）の戸長は、旧場所請負人の野口又蔵である（白老町町史編さん委員会 1992a: 511-558）。

44　大正時代には何度かイオマンテの様子が撮影されている。大正 8（1919）年には大正政府が日本紹介のために米国人に撮影させた『Beautiful Japan』の撮影隊が白老を訪れイオマンテの真似を含む紹介映像を撮影している（Okada 1999: 188）。大正 12（1923）年には、道庁社会課が社会事業を紹介するための活動写真を作成するために、白老コタンにてさまざまな場面を撮影している。その中に野村エカシトクの家で熊祭りの儀式の型が撮影された（『北海タイムス』1923.12.1）。大正 14（1925）年には北海道帝国大学教授の八田三郎が太平洋学術協会を代表して白老を訪れ、熊坂家のイオマンテを撮影している（八田 1926）。

45　たとえば明治 42（1909）年、西川校長が朝日新聞社の記者を森サリキテに案内し「此男と野村シュパラムとの二人が此部落の人傑です」と紹介している。同日、サリキテは韓国皇太子が来道した際に駅に出向いて歓迎している（『東京朝日新聞』1909.8.25）。森サリキテは、明治 44（1911）年にも、「男 15 人女 6 人」を伴い、大正天皇を駅で歓迎している（『北海タイムス』1911.9.6）。大正 12（1923）年に森サリキテが亡くなったすぐ後、満岡郵便局長は次に野村エカシトクを酒井忠利海軍中将に引き合わせている（『室蘭毎日新聞』1923.10.21）。

46　野村エカシトクは年齢の割に日本語が上手に話せたようだ。「何年となくシャモ（和人）と接しているから言葉などもはっきりして、…大抵は聴き取れる」とある（『北海タイムス』1923.5.19）。なお、このような商売のやり方は、昭和に入って担い手がが変わっても、「チョット話して金一園」「カメラ向かうところ何でも五〇銭」と継続されている（『北海タイムス』1935.11.23, 24）。

47　昭和 17（1942）年に熊坂シタッピレが亡くなったあとは、郵便局長の満岡伸一が役人や学者にコタンの案内をする際に、宮本イカシマトクのところに連れて行くようになった（大須賀 2000: 149）。

48　昭和 8（1933）年に酋長格の二人が「客の誘致争奪のことからけんかとなり」両者とも傷害一週間の治療を要したと仮名で報道されている（『室蘭毎日新聞』1933.9.9）。人物は特定できないが、いずれにしても、当時酋長格のあいだに強いライバル意識のあったことがみてとれる。また、昭和 10（1935）年の新聞記事には、観光をやっている「家の前には立て札がしてあって『熊とりの名人』だとか『宝物を澤山持っています』とか目立つような自己宣傳を色々な方法でやっている」と紹介されている。この記事には、宮本家の看板が写真で紹介されている（『北海タイムス』1935.11.23;『小樽新聞』1931.2.17）。

49　ただし、イオマンテの観覧自体は有料ではなかったようだ。昭和 6（1931）年の熊坂シタッピレのイオマンテでは、前年度の宮本イカシマトクのそれに観覧者が殺到

して苦情が出たことより、招待券制を導入した。その招待券は、白老駅前の田邉商店で贈呈されると新聞記事において紹介されている（『室蘭毎日新聞』1931.1.18）。昭和12（1937）年の宮本イカシマトクのイオマンテに関しては、「宮本酋長の今回の催しが全くの無報酬、犠牲的に大衆への奉仕を捧げた事には感謝している」と、無料であることが明確に記されている（『室蘭毎日新聞』1937.1.9）。後述するように、観光イオマンテの動機は経済的利益のみではないと思われるが、やはり経済的利益も重要な動機であろう。イオマンテでは百人単位の観光客が来村し報道もなされることより、広い意味での経済効果や、観光酋長の評判を高める効果は十分にあったと思われる。

50 本文で示したエピソードのほかにも、小川・山田編（1998）や河野常吉編『アイヌ史資料集』などに収録されている当時の資料をみると、当時の同化主義者が、そうではない人々や彼らの行いを「無知の老人」「頑強な迷信にとらわれている」「向学心に乏しい」「文化の低いアイヌの土俗」「悪い風習」「蛮風」「滑稽」「原始生活に近い」などと頻繁に評している。つまり、大正や昭和初期の時点に、伝統的なアイヌ文化のなかで生きていた人が相当程度存在していたことがわかる。

51 昭和21（1946）年の夏、北海道全地区米国進駐軍司令官ジョセフ・スイング少将が白老部落を視察した際、少将夫妻が熊祭りを見物したいということで、（白老村）役場から宮本イカシマトクに依頼があった。しかしイカシマトクは日本の敗戦を悔しがっていたので、「クマ祭りは、アイヌの神事。いくら将軍でも駄目」（高橋1971：161）と渋った。最終的には、天皇より偉い占領軍の命令に従わなくてはいけないと説得されイオマンテを実施したという。

52 河野広道は、白老郵便局長の満岡とアイヌ研究者の高倉信一郎と3人で、昭和7（1932）年1月9日の午後6時半に宮本家を訪問している（河野広道博士没後二十年記念論文集刊行会1984：65）。

53 宮本イカシマトクは74歳まで熊猟に行き、「死ぬまでに二百頭近くのクマを捕り、名人の名をほしいままにした」と記録されている（高橋1971：161）。イオマンテも毎年のように実施することができたようで、浜の漁師の家に比べ「宮本家のヌササンは巨大」だったという（白老楽しく・やさしいアイヌ語教室編2013：11）。

54 後述するように、この時代は多くのアイヌがバイリンガルで、高年層はアイヌ語をより得意としていた。熊坂シタッピレは白老小学校の最初の生徒で、日本語は使えるがひどく「不得意」であったという（満岡1923：241）。宮本イカシマトクのアイヌ語の能力は確認できなかったが、確実にアイヌ語を話す世代である。しかしイカシマトクは日本語も得意だったようで、孫の話では、祈りの時以外で祖父がアイヌ語を話すのを聞いたことがないという（B氏2015.5.15）。

第3章 「最後」のイオマンテ（昭和35年辺り）
——蔑視と憧憬のジレンマ

◆　森竹竹市（明治35（1902）〜昭和51（1976））

アイヌ名はイタクノト。白老コタン生まれ。アイヌ文化伝承者である上野ムイテクンの甥。3歳で父を亡くし、盲目の母と、盲目に近い祖母と、和人の家からの養女である姉の4人で暮らす。小学校在学中は家計を支えるために漁場の小僧として働き、学校は冬期間しか通えなかった。17歳のとき白老駅の駅夫となり、21歳で鉄道局の雇員採用試験に合格。追分や静内などを転勤したのち、33歳で国鉄を依願退職して白老に戻る。白老では漁業、食堂経営などを経て、50代後半から博物館業務を含めたアイヌ観光にたずさわる。59歳のときに昭和新山アイヌ記念館館長、65歳のときにアイヌ民族博物館の前身である白老町立民俗資料館の初代館長に就任。なお、言論活動は終生行っており、昭和12（1937）年に『原始林』（森竹1977に再録）を刊行したほか、機関誌や新聞などに多くの投稿記事を残している。北海道アイヌ協会には設立当初から継続的にかかわっていた（森竹1977: 90-94, 221-222; 森竹1934: 400; 山本2005;『エカシとフチ』編集委員会1983: 61; 森竹竹市研究会2009: 140）。写真は「森竹竹市エカシ」（森竹1977: 巻頭）。

◆　　貝沢藤蔵（明治21（1888）〜昭和41（1966））

アイヌ名はウサシカン。日高地方の二風谷で生まれ平取村役場に勤務。のち昭和3（1928）年、40歳のとき妻の兄である川村カネト（旭川のアイヌ）に伴い長野県で飯田線の測量をしている。その後、昭和6（1931）年に『アイヌの叫び』（貝沢1931[55]）を刊行するまでの間に、白老に移住したものと思われる。移住の理由は定かではないが、アイヌ観光のためだと考えられ

る[56]。白老では第1章森サリキテの三男である佐三の土地を買受け、チセや熊檻など観光用施設を設置して観光業を営んだ。移住当初は、アイヌの女性を数名伴い本州でアイヌの踊りなどを見せる「内地回り」を行っていた。内地回りといっても、「非常な雄弁者」なので「見世物」というよりは「本州各地を巡って真のアイヌを理解してもらうための熱弁をふるっていた」と評する見方もある。戦後には「酋長」を名乗り宮本イカシマトクと並んで白老のアイヌ観光をけん引する（近代日本社会運動史人物大事典編集委員会 1997a: 9-10;『朝日新聞』1997.4.22; 谷川編 1972: 580; 小川・山田編 1998: 610; 山本 2010: 24; D氏 2015.7.31; A氏 2015.7.31）。写真は「故貝沢藤蔵翁」（木下 1988: 10、一般財団法人アイヌ民族博物館蔵）。

1　「目覚めたアイヌ」とイオマンテ

1　観光イオマンテに対する嫌悪

　前章でみた観光イオマンテが実施された昭和7（1932）年時点、本章の主人公である森竹竹市は30歳、貝沢藤蔵が44歳と、前章の主人公に比して森竹は一世代、貝沢も一回り若年である。彼らは前章の主人公と異なり、観光イオマンテを嫌悪していた。彼らは上の世代とは反対でアイヌ語よりも日本語を得意とする世代であり[57]、「目覚めたアイヌ」として民族の地位向上のために活動していた。そんな彼らにとって、イオマンテは遅れた「野蛮」な風俗であり、ましてやその見世物扱いは「目覚めていない」アイヌによる愚行と解されていた。

　大正8（1919）年から12（1923）年まで白老駅で駅夫をしていた森竹竹市が、駅長に命じられて観光客をコタンまで案内した時のことを次のように語っている。

　　　ぼくはね、ほんとは嫌でね、徒歩で十分位の間ね、その観光客がいろいろ質問するんだよ。"アイヌ人は日本語がわかるか"とか服装はどんなかとかね。"アイヌの男は酒ばかり飲んで働かず女が働くってほんとうか"とか

ね、痛いことばかり聞くんだよ。よもやぼくがアイヌだとはしらないんだよね。（平村・森竹 1973）

　ここに二つのアイヌイメージが示されている。一つは、駅員の制服を着て日本語を話す、表面上当時の和人と区別がつかないアイヌイメージ。もう一つは、観光客が求めているエキゾチックなタイプであり、風俗や生活態度などについて和人と明確な区別がみられるアイヌイメージである。森竹は自身を前者のアイヌと位置づけており、また「痛いことを聞く」ということから後者のイメージもまんざら間違いではないと認識されていること、そしてそのようなアイヌを森竹が嫌っていることが見て取れる。

　昭和 6（1931）年に、貝沢藤蔵も似たような体験を語っている。彼は熊坂シタッピレに頼まれて、観光客の出迎えをしていた。

　　　折襟にロイド眼鏡を掛けた髭武者の私が、毎日駅に参観者の出迎へに出ると、始めて北海道に来た人々は、近代的服装をしたアイヌ青年を其れと知る由もなく、私にいろいろな質問をされます。（中略）「着物は？食物は？言語は？」とは毎日多くの参観者から決まって聞かれる事柄です。（貝沢1931: 375）

　貝沢もここで、自分自身を和人と区別がつかないタイプのアイヌと位置づけている。さらに、アイヌ観光のパンフレットにのっているような「時代離れのした」老人とは異なる存在であることも強調している。そして「内地に居てアイヌ人を見た事のない人々」が後者のアイヌを「アイヌ人の全部の姿」と思い込んでいることを「悲惨なるアイヌ観」として問題視している（貝沢1931: 374-375）。

　とくにイオマンテは「野蛮」イメージと結びつきやすく、よって一方ではエキゾチックなアイヌの風俗として観光客の心を捉え、他方近代化の文脈においては廃止が唱えられる項目の筆頭格である。大正 14（1925）年にキリスト教徒のジョン・バチェラーは「熊を撲ち殺す罪悪」と容赦なくイオマン

テを批判し（『北海タイムス』1925.10.7, 8）、昭和10（1935）年の道庁主催の旧
土人保護施設改善座談会においても、「風習改善に関する件」としてイオマ
ンテが真っ先に議題に上げられ、ほぼ全面的に批判や禁止の論調であった（北
海道庁 1935: 314-316）。

　森竹竹市と貝沢藤蔵も、外国人や和人によるイオマンテの「野蛮」イメー
ジを自身の考えとして引き受けている。貝沢は「ヌサ（祭壇）に熊の骸骨を
晒して礼拝するが如き蛮風」、「若きアイヌ人間に熊祭は蛮風に類せるものな
りとの自覚より、次第に往昔の様な祭典は行はれず、…」としてイオマンテ
を「蛮風」と言い切っている [58]（貝沢 1931: 376, 380）。森竹は旧土人保護施
設改善座談会において、「多数の前で熊を殺すことは蛮風に等しいかもしれ
ませんけれども…」（北海道庁 1935: 315）と、やや躊躇しながらもイオマンテ
の「野蛮」イメージを認めている。

　しかしながら両者は、和人や外国人とは異なり、イオマンテそのものより
もイオマンテの見世物扱いをより問題視している。森竹は明確に、「野蛮」
か否かということより「より以上考えなければならないことは、毎日来る視
察者の前に率先して同族を兎に角見世物扱いさせること」と明言している（北
海道庁 1935: 315）。昭和9（1934）年には、小樽新聞に「見世物扱いを中止せよ」
との記事を投稿している。昭和9年8月30日と31日に室蘭市は、連合艦
隊の室蘭港入港を歓迎するために、白老アイヌ数十名を室蘭に呼びよせ将校
らにイオマンテを披露した（『小樽新聞』1934.8.30, 31, 9.1）。その計画を中止
せよとの主張である。森竹は、護国の任にある皇国将兵を慰めようとする誠
意においては「何人にも譲るものではない」が、「後進民族を見世物扱いす
るが如き非人道的方法」は「黙視」できないとして、見世物扱いがどのよう
に問題であるのかを、次のように説明している。

　　従来高位顕官の本道を視察に際し、これが接伴の任にあたる当局者は蝦
　夷情調を深めてその旅情を慰むるためか、殊更アイヌの古老連に旧式な服
　装をして駅頭に送迎せしめ、あるいひは熊祭や手踊などを開いて観覧に供

し、同行の新聞記者や写真班員はまたこれが恰も北海道のアイヌの民族現在の日常生活なるがごとく報道し、ために世人の認識をあやまらしめ、延いてはこれに対する侮べつ嘲笑の念を誘発せしめていたのはわれわれの憤まん禁じ得なかったところである。（『小樽新聞』1934.8.24）

　イオマンテの見世物扱いは、時代錯誤のアイヌイメージ、ひいてはアイヌ蔑視を助長する。民族の地位向上を目指す「目覚めた」若者にとって、それは「非人道的」という言葉が用いられるほど嫌悪する事態だったのである。しかもその非道を企てているのが、同化を推進している為政者自身であるという矛盾もここで指摘されている。

　貝沢も『アイヌの叫び』において、支庁や村当局者が高貴の人々の送迎にアイヌの古老を利用することが「悲惨なるアイヌ観」を助長していると指摘する。つまり、どんなにアイヌの若者が地位向上に向けて努力したところで、アイヌ民族の野蛮イメージが日本社会において利用され続ける限り、アイヌの「後進」イメージは一向に変わらず、よって蔑視も消えないという問題意識である。『アイヌの叫び』自体が、そうしたアイヌの見世物化によって生じた「誤れるアイヌ観を打破」することを刊行の目的としている（貝沢 1931: 374, 375）。

　このように、森竹竹市と貝沢藤蔵は、「アイヌ民族」の観光利用、そしてイオマンテの見世物を問題視していた。特に森竹は「私は子供の頃から、観光地に育った故か、見世物にされる、イヤ自ら見世物になるアイヌ達に、大いなるにくしみを感じたものでした」とのちに語っている（森竹 1977: 100）。すなわち、森竹は、熊坂シタッピレや宮本イカシマトクのような「自ら見世物になるアイヌ達」を反面教師として、ときには憎しみさえ覚えながら白老コタンで育ったのである。

2　「目覚めたアイヌ」によるイオマンテ

　そのような森竹竹市と貝沢藤蔵が、なんと、晩年自らアイヌ観光に身を投じる。森竹の場合は、58 歳のときに昭和新山アイヌ記念館の館長に就任し

ているが、その少し前から白老で観光事業に関わっていた（アイヌ民族博物館 1996: 4-6）。60 代前半には自ら観光コタンを起こし（B 氏 2015.8.3）、その後ポロトコタンが完成してからは民俗資料館の初代館長に就任している。貝沢の場合は、40 代から興行的な内地回りをはじめ（D 氏 2015.7.31）、50 代半ばには白老コタンに観光用チセを造って本格的に観光ビジネスを営むようになる（田辺 1984: 38）。貝沢はむしろ、白老におけるアイヌ観光事業の草分け的存在の一人である（白老町町史編さん委員会 1992b: 3; 田辺 1984: 38-41; アイヌ民族博物館 1996: 4）。

　それだけではなく、両者ともに、観光イオマンテも執り行っている。貝沢藤蔵に関してははやくも昭和 9（1934）年に、飼い熊が衰弱し、急きょ夏に熊祭りが実施されたこと、その際「にはかの催しなるも観覧の者場に満ち」たことが新聞に記録されている（『室蘭毎日新聞』1934.9.11）。昭和 30（1955）年の町制施行記念行事のイオマンテには、貝沢が宮本イカシマトクの隣に参列している（**写真 7　左端が貝沢藤蔵**）。このイオマンテは、白老における最後の本格的なイオマンテで、観光事業の従事者以外のアイヌの人々も参加し「コタンをあげて実施した」という（木下 1988: 98-100; 河野広道博士没後二十年記念論文集刊行会 1984: 41; 白老楽しく・やさしいアイヌ語教室 2013: 13; アイヌ民族博物館 1990a: 緒言）。

写真 7　町制施行記念行事のイオマンテ（昭和 30 年）
（白老楽しく・やさしいアイヌ語教室 2013: 13）

写真 8　昭和新山でのイオマンテ（おそらく昭和 36-38 年）

（撮影　掛川源一郎、更科・掛川 1968: 巻頭）

　写真 8 は森竹竹市が館長を務めていた時（昭和 36-38 年）に昭和新山で実施されたイオマンテだと思われる。一緒に移っているのは旭川近文コタンの尾沢カンシャトクで、昭和新山のイオマンテには旭川から 7 〜 8 人の男女が手伝いにきていたという（山本 2010: 10, 19）。

　昭和 38（1963）年頃、森竹竹市は、後にアイヌ民族博物館の専務となる濱弥一郎らとともに、ポロト湖西岸のオニギリ山（現在のポロトコタンの対岸）にチセを建てて観光コタン「ポロトアイヌ記念館」の営業を始めた（**写真 9**）（B 氏 2015.8.3）。そこで撮影された写真に森竹と貝沢が並んで映っている（**写真 10**）。

写真 9　ポロトアイヌ記念館
（木下 1988: 103、一般財団法人アイヌ民族博物館蔵）

写真 10　森竹竹市（左から 2 番目）**と**
**　　　　貝沢藤蔵**（中央）

（撮影　掛川源一郎、森竹竹市研究会 2009: 巻頭）

　そのポロトアイヌ記念館でもイオマンテが行われている（**写真 11**）。昭和新山に引き続きこのグループにも旭川の人が多く参加しており、建物の前に宝物や花ござを飾って一列に並べる様式は旭川流だという（B 氏 2015.8.3）。同時期に撮影された**写真 12** には「祝　ポロト湖　イヨマンテとスケート大会」との横断幕が掲げられていることより、このイオマンテは、スケート大会とタイアップするかたちで新しい観光コタンの存在を宣伝したものと推測される。

**写真 11　ポロトアイヌ記念館での
イオマンテ**

（撮影　掛川源一郎、写真提供：掛川源一郎写真委員会）

写真 12　スケート大会とタイアップ

（木下 1988: 104、一般財団法人アイヌ民族博物館蔵）

　このように、貝沢藤蔵が関与した昭和9（1934）年および昭和30（1955）年町制施行記念行事のイオマンテも、そして森竹竹市が主催した昭和新山アイヌ記念館やポロトアイヌ記念館でのイオマンテも、一般来観者を意識したものであることより、昭和初期にあれほど嫌悪していた観光イオマンテとの客観的な差異を見出しにくい。壮年期にあれほど嫌悪していたイオマンテの見世物を、晩年の森竹や貝沢はなぜ自ら主導するようになったのだろうか。

　森竹や貝沢の大いなる方針転換を説明することはとても困難である。それは資料の限界や筆者の研究技量の限界に加え、おそらく彼らが矛盾に満ちた同化主義の時代を誠実に苦悩しながら生きていたことに由来するように思われる。二流市民というレッテルと理不尽な差別、社会の変わりにくさ、希望と失望、民族の誇りや愛着など、様々な状況や感情の変化の中でたどりついた彼らの方針転換を、本章では読み解いてみたい。

2　アイヌ民族の近代化

　森竹竹市や貝沢藤蔵の心の変化を検討する前に、その背景をなす当時の時代状況を検討しておきたい。重要なキーワードは「近代化」である。大正から昭和にかけて、日本社会の近代化にともないローカルなアイヌ・コミュニティもその総称としてのアイヌ民族も大きく変化した。まずはこの社会変化

を確認しよう。

1　アイヌ・コミュニティの近代化

　前章でもみたように、大正から昭和にかけて、白老のアイヌ・コミュニティ
はもはや伝統的な社会規範で構成員を全人格的に統合しうるような閉鎖性
や自律性を有していない。児童の就学率が、明治 34（1901）年には 44.61％、
明治 43（1910）年には 92.21％まで上昇している（北海道庁 1918: 525）。つま
り子供が家庭や地域コミュニティの中で育てられるだけではなく、日本国の
学校教育制度のもとで規格的な教育が施されるようになる。さらには森サリ
キテの二男久吉（明治 28 年生まれ）のように、キリスト教系の他村の学園に
進学する者もいる（竹内 2008: 6）。森竹竹市のように、伝統的な生業ではな
い職業に就き、そして他町村に転勤する者もいる。そうなると、白老のアイ
ヌ・コミュニティの伝統的な価値観に加え、より広い近代日本社会の価値観、
あるいはキリスト教の価値観などを内面化する者も混在し、アイヌ・コミュ
ニティ内部に価値多元的な状況が誕生した。

　それ自体はアイヌ・コミュニティに限った話ではなく、日本全国の地域社
会が経験してきた社会変化である。しかし、アイヌ・コミュニティの場合は、
この時代に近代化と和人化（同化）が重なりながら混在しているところが事
態をひどく複雑にしている。この「近代化」と「和人化」の概念を整理しよう。

2　近代化と和人化

　明治維新以降、日本国は西洋諸国をモデルに近代化を目指した。「同じ日
本国民たる我々アイヌ民族」も、和人に遅れずに「西洋文明を吸収し咀嚼」
する必要があると、貝沢藤蔵は昭和 6（1931）年に『アイヌの叫び』に記し
ている（貝沢 1931: 378）。ここで示されている現状認識は**図 9** でいうと、「Ⓐ
近代化」のベクトルである。和人もアイヌもそれぞれ西洋社会をモデルに近
代化を目指している。近代化した和人と、近代化したアイヌがともに近代日
本社会を構成する、今でいうところの多文化主義的な世界観である。ただし

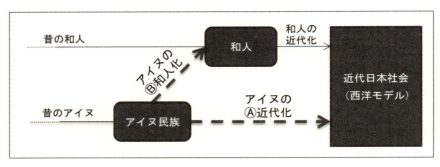

図9　近代化と和人化

アイヌは和人に比して出遅れてしまっている。ゆえに、先行する和人を見習いつつアイヌの近代化を推し進めるという考え方である。

　この考え方について2点確認しておきたい。まず、貝沢が「同じ日本国民」と言っているように、当時のアイヌの多くはすでに日本人としてのアイデンティティを獲得していたようで、当時の言論においてアイヌが日本人か否かは問題にされていない[59]。よってここでもそれは問題にしない。当時問題にされていたのは、アイヌが「立派」な日本人か否かということである。当時の④近代化論において、アイヌが無条件で④近代化に向かうとは考えられていない。近代日本社会において「立派に」活躍できるか否かが「民族」存続の条件と考えられていたようだ。

　たとえば、『北海タイムス』の記事は保導委員になった森久吉を「和人に劣らぬ立派な青年」と評し、「常に滅亡を叫ばれているアイヌにも一脈の生気は漂うて来た…絶望ではなさそうだ、…アイヌ族の奮起を祈って止まない」と記している（『北海タイムス』1923.12.18）。また、宮本イカシマトクは息子の戦士に際して「アイヌが滅亡と云われた時代はもう過ぎ去りました。私達の廻りからも多くの若者が出征しています、そんなわけで今は立派に『滅亡』ではなくて『建設』の民族になっているのです」とコメントしている（『北海タイムス』1940.1.20）。また、森竹竹市や貝沢藤蔵と親交の深い近文の川村カネトも「亡びゆくとは何事だ　認識不足も甚だし」として「国家非常時の

折　立派な日本国民の一人として協力　お国のため盡さして貰いたい」と述
べている（『北海タイムス』1934.9.20）。国家の政策や戦争に貢献できる人を輩
出することが、アイヌ民族の「奮起」や「建設」と解されている。昭和初期
の森竹と貝沢の論調も同様で、アイヌが和人と肩を並べる「立派」な日本人
になることで、アイヌ民族は日本社会の中で認められ、存続するとみなされ
ていたようだ。

　それに対して、「Ⓑ和人化」のベクトルは当時の和人エリートに優勢な同
化思想の考え方である。「立派」か否かにかかわらず、アイヌ民族はやがて
滅亡、すなわち和人に同化する。むしろ、アイヌが「立派」な近代人になっ
たとき、それこそが同化（＝和人化）の完了と考えられるのである。

　昭和 4（1929）年、森竹竹市が懇意にしていた和人歴史学者の喜田貞吉が
森竹に送った手紙にこの傾向が強くみてとれる。

　　　いづれ北海道アイヌの末路は津軽アイヌの末路と同じくシャモ〔和人〕化
　　　してあいまはねばならぬ運命に居りますが、津軽アイヌの様に何も遺さず
　　　に消えてしまふのではなく、立派な歴史を遺してシャモ化する事にしたひ
　　　と思います。（北大院近代史ゼミ編 1993: 98）

　ここでは、近代的なアイヌの姿、すなわちⒶ近代化のベクトルはまったく
想定されていない。「北海道アイヌ」はすでにⒷ和人化の道を歩んでいるの
であり、やがて「北海道アイヌ」は社会から消え去り、その痕跡が「歴史」
の中でのみ記録されることになる。

　喜田も示唆しているように、Ⓑのベクトルは、アイヌ滅亡史観を前提とし、
伝統的アイヌ文化に対する惜しみない賞賛とそれを「正しく」記録しておこ
うとする意志をともなっていることが特徴的である。前章でみた金田一京助
によるイオマンテの合成写真はその一環であった。金田一は、大正 12（1923）
年、知里幸恵の「アイヌ神謡集」のあとがきに（知里幸恵の思いとして）次の
ように記している。

…幾千年の伝統をもつ美しい父祖の言葉と伝えとを、このまま滅亡に委することは忍びがたい…。過去幾百千万の同族をはぐくんだこの言葉と伝説とを、一管の筆に危うく伝え残して種族の存在を永遠に記念しようと…。(知里 1978: 161)

　ここでも、近代化してゆくアイヌ「種族」は想定されていない。アイヌ「種族の存在」は幾千年の伝統文化によってのみ認識可能なものであり、近代化したアイヌ種族はもはやアイヌ種族ではないという考え方が示されている。

　このように当時の日本社会において、アイヌ民族が「立派」に活躍できることが、一方でアイヌ民族の繁栄と、他方でアイヌ民族の滅亡とみなされるという、相反する考え方が混在していた。このことが後述するように、「目覚めた」近代アイヌを自認し、また誰よりもアイヌ民族に愛着と誇りを持つ森竹竹市を大きく悩ませた。

3 「アイヌ民族」共同体の誕生

　日本社会の近代化、地域社会の都市化と関連して、この時期にはさらに重要な社会変化があった。「アイヌ民族」というカテゴリーが、文化的な近質性を指し示す無機質な総称から、アイヌ内外の誰でもがイメージできる「想像の共同体」(Anderson 1983) へと発展した。

　上述したサルベージ・エスノグラフィーはその重要な一端を担った要素だと考えられる。研究者がユーカラやイオマンテなどのアイヌ文化を採取し、賞賛し、国内外に広く知らしめた。ここでは細かい地域性よりも「アイヌ文化」であることが強調された。そういう文化をもつ一つの集団としての「アイヌ民族」が映像や文芸などとともに紹介されることで、アイヌ内外の人々にとって「アイヌ民族」は容易に想像できるものとなったであろう。また、要人の来道、イオマンテ行事、アイヌ政策の動向など、折に触れての新聞報道も、「アイヌ民族」イメージの形成と共有に寄与していた。

　そこで、「アイヌ民族」というわれわれ意識も、大正末期から昭和初期にかけて大きく動き出した。これまで見てきたように、この頃の特に若い世代

のアイヌは村落共同体としてのコタンから解放され、より広い日本社会に生きるようになっていた。加えてマスメディアなどを通して「アイヌ民族」についてのさまざまな情報を獲得することで、いま同じ時に共通の運命を担っている人々（同胞）が全道規模に存在していることを確信できるようになっていった。そこで、コタンを越えた全道規模の「アイヌ民族」の連携が進められてゆくのである。

　大正期に、北海道の各地で、コタンの単位を越えてアイヌが連携し組織化する動きが起きた。目的は、アイヌの地位向上、給与地問題の解決、「旧土人保護法」改正、アイヌ民族更生といったものである（小川 1997b: 308）。その中でも、山田伸一によると「アイヌ伝道団」と「十勝アイヌ旭明社」はその後の全道規模のアイヌ民族の組織化に大きな影響を与えたという（山田 2011: 411-459）。

　「アイヌ伝道団」はイギリス人宣教師のジョン・バチェラーを団長として大正 8（1919）年に結成され、大正 9（1920）年に機関誌『ウタリグス』が創刊される（小川・山田 1998: 603）。バチェラーの弟子であり、のちに北海道アイヌ協会初代理事長となる向井山雄（有珠出身）が『ウタリグス』第 5 巻第 4 号（1925）にて全道規模のウタリ大会の開催を呼びかけている（山田 2011: 414-416）。

　「十勝アイヌ旭明社」は昭和 2（1927）年に結成される。それを母体として（実体の乏しい方の）「北海（道）アイヌ協会」が創設（想像）され[60]、昭和 5（1930）年に機関紙『蝦夷の光』が創刊される。『蝦夷の光』は、4 巻までしか続かないが、「アイヌ民族の貴重な意見交流の場」として機能したことが指摘されている（山田 2011: 431; 森竹 1934a; 北海道ウタリ協会 1994: 15-16）。

　二つの大きな流れが合流するかのように、昭和 6（1931）年に札幌で「全道アイヌ青年大会」が開催された[61]。貝沢藤蔵いわく「ウタリ（同族）中最も知識ある男女七〇余名」が参加し、「熱と力の篭った正義の叫びがあげられ」た（貝沢 1931: 388）。「君が代」の合唱に始まり、アイヌの同族に向けては「進歩向上」「生活改善」「禁酒」といった「自己覚醒」を、和人側には「保護民」

としての差別待遇を廃し立派な日本人として扱うこと、またそれに向けた政策の実施が主張された（小川・山田 1998: 277-280）。全道アイヌ青年大会は「初めて広範な地域のアイヌが一同に会し繋がりを持つ場となったという重要な意義を持」っていた（小川 1997b: 312; 山田 2011: 450-452: 榎森 2007: 474-481）。

　このようにこの時期、「アイヌ民族」としての「われわれ」が姿を現した。序章で紹介した河野の指摘、「新しい『アイヌ民族』が形成されつつあるように見える」（河野 1999: 203）との見解は実に的を射ている。まさに、アイヌ内外の誰でもが容易にイメージでき、また帰属意識の受け皿としても機能しうる、想像の共同体としての「アイヌ民族」が明治後期から大正期にかけて誕生したのである。

　本章の主人公である森竹竹市と貝沢藤蔵は、この時期におけるアイヌの広域連携を担った主要な担い手である。移住や転勤、集会や言論活動などを通して諸地域のアイヌと交流し、全道の同胞（ウタリー）に呼びかけた。彼らは言論空間を通して、全道規模の「アイヌ民族」共同体を視野に入れて活動を始めた最初の世代である。

3　森竹竹市の葛藤

　森竹竹市の言論活動は多岐にわたり、詩歌、随筆、手紙、アイヌ伝承と多くの資料が残されている。そこで本節では森竹に焦点を絞り、彼の「Ⓐ近代化」と「Ⓑ和人化」の揺らぎを追っていきたい。まず、昭和9（1934）年と10（1935）年、30代前半に森竹はアイヌ民族の考え方についての大きな転機を迎える。

1　希望と挫折

　昭和6（1931）年「全道アイヌ青年大会」の興奮が冷めやらぬ昭和9（1934）年1月、貝沢藤蔵と近文の川村カネトが静内に赴任中の森竹竹市を訪ねている。「久方振りに胸襟を開いて『生きていく道』に就いて語り合」った（森竹 1934a）。そういった高揚感のなか、森竹のⒶ近代化論はピークをむかえる。

　その直後昭和 9 年 4 月に発表された「ウタリーへの一考察」（森竹 1934b）には、森竹の近代的なアイヌとしての自己意識が示されている。貧困の中で育ち小学校に通うこともままならず、そのままいけば「漁業の先頭か、熊狩りの名人」であったところ、「運命の神の悪戯からか」鉄道界に入り、努力して雇員試験に合格し、「現在は鉄道業務の中堅たる貨物掛を拝命」した。「一萬五千有余の同族の為に『彼らも使へばどんな処にでも使へる民族である』といふ事実を世に示している者であります」。森竹は、アイヌ民族が近代日本社会において「使える民族」であることを証明したい。その証の一つが自身の成功体験に他ならないとの考えが力強く示されている [62]（森竹 1934b: 400）。

　そして、森竹はアイヌ民族のⒶ近代化への希望を同年 2 月「全道ウタリ」に向かって呼びかけている。全道のアイヌ民族に配布したという「全道ウタリに諮る」（森竹 1934a）には、「志を同じうする幾多の熱血漢」にむけて全道規模での連携が呼びかけられている。上述した全道アイヌ青年大会（昭和 6 年）や『蝦夷の光』（昭和 5 年〜 8 年）のような、情報交換や議論の場を設け「助け合ひ互いに励ましあって」、「我らの前途にも希望の光」を取り込もうという趣旨である（森竹 1934a）。昭和 9（1934）年の森竹は、Ⓐアイヌ民族の近代化のベクトルを見据え、それに対して自信と希望を有している。

　ところが翌年、森竹は「突如」国鉄を依願退職する。「この辺のことを森竹さんは多く語りたがら」ず理由は定かではない。静内駅に赴任して 1 年数か月、そのあいだに「森竹さんをうちのめすことがあった」という。静内は「アイヌに対する偏見の強いところ」で「他の地ではないほどウタリが圧迫されていた」。森竹も「他の駅などでもアイヌであることで別段ひけめを持つことはなかった」が静内駅では違ったと言っている。また、「国鉄教習所車掌科を終了したが、なぜか車掌になれなかった」ことで（平村・森竹 1973; 森竹竹市研究会 2009: 138）、日本社会におけるアイヌ民族のグラスシーリングを痛感したのかもしれない。

　鉄道を辞職する前、森竹は文化伝承者の砂沢クラを訪れて「アイヌのこと

で考えたり悩んだりしている」と話していたという（近代日本社会運動史人物大事典編集委員会 1997b: 607）。その後森竹は、辞職に関して「半生を自分で使いし我命　残りをウタリに捧ぐ　嬉しさ」（平村・森竹 1973; 森竹竹市研究会 2009: 138; 森竹 1937: 193）と詠んでいる。悩んだ末に、機運が盛り上がっているアイヌ民族の結束と地位向上に全力を注ぐ決心をしたということのようだ。

　ところが「ウタリに捧ぐ」活動の方でも、森竹は挫折を味わう。昭和 9（1934）年に全道ウタリに配布した「全道ウタリに諮る」に対して、「反応はほとんど皆無」だったという（森竹 1937: 71; アヌタリアイヌ刊行会 1974）。これについて森竹は落胆の気持ちを次のように詠んでいる、「ウタリ等に強く呼びかけ其の答　ぢっと待ってる心侘しく　一村にタッタ一人の血に燃ゆる　ウタリが居たらと思う此の頃　こんな時『北斗』が生きて居たらなと」（森竹 1977: 192-193）。このように、日本社会で立派に活躍する近代アイヌとしての自己意識についても、アイヌ民族の結束についても、少なからず自信や希望がそがれてしまった。

　森竹は国鉄を辞めてから白老に戻り、昭和 12（1937）年に『若きアイヌの詩集　原始林』を自費出版している。その時点ですでに、「Ⓑ和人化」のベクトル、すなわちアイヌ滅亡史観が強く示されている。「雑婚　混血　同化　これをしも滅亡と云うなら　私は民族の滅亡の　一日も早からんことを希ふ」（森竹 1937: 150-151）。「エカシの孫は　エカシの血こそ混ざれど　もうシサム（和人）になるんだ」（森竹 1937: 155）。ここでは明確にⒷ和人化論が示されている。しかも、先にみたような希望の論調ではなく、「これを…滅亡と云うなら」と、諦めの論調である。アイヌは社会的には滅亡するが、生物学的には残るというロジックによって、かろうじて自身を納得させているようである。

2　和人エリートとの交流

　先述したように、Ⓑ和人化論は和人エリートに主流の考え方である。そして前節でみたように、森竹竹市は基本的にはⒶ近代化のベクトルを望んでい

たはずである。そうであるにもかかわらず、森竹は、そして貝沢藤蔵も、和人エリートと大変懇意にしており、よって和人エリートの考え方を多く内面化している。アイヌ民族の⒜近代化を望む森竹が、アイヌ民族を⒝滅ぶものと信じて疑わない和人エリートと、どのように折り合いをつけ、交流していたのだろうか。まずは、森竹と和人エリートとの交流の履歴をいくつかみておこう。

　森竹が喜田貞吉に会ったのは、大正 12（1923）年のようだ。それ以後喜田は森竹にインフォーマントとしての役割を期待していたようで、昭和 4（1929）年の手紙には「君自身がアイヌの最後を飾る人としての十分な自覚を以って、自重して下さい。…健康を破るのは第一に酒です。かへすがへす自重して下さい」と記している（北大院近代史ゼミ編 1993: 98）。現代的な価値観から見れば、アイヌ滅亡史観や、滅亡のしかたを和人エリートが方向づけようとすることなど、はなはだ傲慢にも思われるのが、森竹は意外と素直に喜田の思いに応えようとしていたようで、「自責」というタイトルの詩に次のようにつづっている。

　　ウタリ等の為にも君の禁酒をば喜ぶと云う師の便来る
　　その意気でウタリの為に真剣に　起てと先生の強いお訓へ
　　（中略）
　　何故に拒み得ないかおい一杯　飲めとウタリの出した盃
　　ウタリ等よ酒だけ止せと幾度か　叫んだ俺は何だ此のざま（森竹 1937: 198）

　森竹は、喜田を「師」とみなし、その思いに応えたいと思っていたようだ。「ウタリの出した盃」を拒めない気持ちと、しかし師の期待に応えたいとの気持ちの葛藤が示されている。

　他にも、森竹および貝沢は道庁の「アイヌ課長」喜多章明とも付き合いが深い。先述した「アイヌウタリに諮る」（昭和 9 年）にて、森竹が全道アイヌ民族組織化のモデルとしたのが喜多が発行していた『蝦夷の光』である（チン青年団 1934: 164-165: 山田 2011）。また同年に森竹が発足した「更生同志会」の

顧問に喜多が就いている（北大院近代史ゼミ 1993: 91;『北海タイムス』1935.1.8）。昭和 10（1935）年、森竹は道庁社会課主催の旧土人保護法改正に向けた「旧土人保護施設改善座談会」に「同族の先覚者」として招かれ、主催者側の喜多と同席している（北海道庁 1935）。貝沢の著書『アイヌの叫び』の序は喜多が執筆している。

　喜多は同化政策を推進する側の人間であるから、⑧和人化論者であることに間違いないが、単刀直入に「滅亡」とは言わず、「発展」のレトリックを用いる傾向が見て取れる。昭和 5（1930）年、『蝦夷の光』創刊号にて「アイヌは果たして亡びつつあるか」との問いを立て、いや振興・発展途上の民族だと結論づける。ゆえに、滅びゆくものと自暴自棄にならず、大いに社会で活躍する「独立自主の社会人」になるようアイヌの若者たちを鼓舞している（喜多 1930）。その振興・発展の先は、しかし和人への融合である。昭和 23（1948）年、『北の光』創刊号にて、独立自主の社会人になったとき「事茲に至って始めて諸君並に諸君の子孫は名実ともに日本民族として誰憚からず社会に立ち得る所以であり、その血液は脈々として日本民族の中に流れ込み、一国家一民族の理想境に於いて永遠に而も朗らかに生き得る所以である」としている（喜多 1948）。結局のところ、多文化主義的な、アイヌ民族独自の④近代化の道はいかようにも想定されていない。

　森竹は金田一京助とも付き合いがあったようで、昭和 47（1972）年、彼を「旧知の博士」とよび哀悼の意を表している（森竹 1977: 52）。金田一は先述したように、喜田や喜多同様、アイヌ滅亡史観をもつ学者である。このように森竹および貝沢は、アイヌは滅亡するとの考え方（⑧和人化のベクトル）を疑わない和人エリートと大変懇意にし、かつ信頼もしていた。

3　生涯の敵――蔑視

　森竹竹市にとって和人エリートは、おそらく当時の社会状況の限りにおいての、次善のパートナーだったのではないだろうか。森竹にとって究極の生涯の敵は――アイヌ滅亡史観（⑧和人化のベクトル）よりも――アイヌ民族

に対する社会の「蔑視」であった。すなわちアイヌ民族を後進民族や保護民族と当然視する社会の認識と、それにともなう無遠慮な処遇である。それに比して和人エリートは、――同様の前提認識に依るが――アイヌ個々人の近代化に向けた能力や努力を個別に認め、それなりに敬意をともなう態度で接した。また、アイヌ伝統文化を観光目的で利用するのではなく、野蛮と蔑むのでもなく、その価値を「正しく」承認するという意味においても理解者と解されたのであろう。

　森竹にとっては、アイヌ民族の誇りを守ることが優先課題であり、和人エリートが有するアイヌ滅亡史観は見過ごすことのできる、あるいは妥協せざるを得ない要素であったように思われる。森竹のアイヌ滅亡史観への妥協は次の文章からも読み取れる。

　まず昭和 23（1948）年、森竹は向井山雄らと共に（実体のある）「社団法人北海道アイヌ協会」の結成を成し遂げた（北海道ウタリ協会 1994: 179）。その機関誌『北の光』創刊号に、ふたたび希望に満ちたⒶアイヌ民族近代化論を載せている。「私共アイヌ民族は、自分達こそは真正日本人であるとの自覚の下に、アイヌ民族の誇りをもって平和日本建設の為にスタートを切ろう」（森竹 1948）。ところが 18 年後の昭和 41（1966）年、彼は再びの方針転換を告白している。

　　　われらこそ先住の民胸はって　誇りとともに強く生きよう
　　　ああ　この悲痛な彼の叫びも　今は遠い彼方に消え去る
　　　侮りも蔑みもない現実（いま）の世に　彼我の子供は嬉々として戯れ遊び
　　　（省略）
　　　これでいい！　これでいいんだ！
　　　アイヌの風貌が　現代から没しても
　　　その血は！　永遠に流るるのだ　日本人の体内に（森竹 1977: 18）

　昭和 41 年、大正・昭和初期に比べれば、アイヌ民族への蔑視は改善されていたのだろう。そうであれば「これでいい」、アイヌ民族の消滅を受け入れようと解せられる。アイヌ民族のⒶ近代化なのかⒷ和人化なのかといえば

前者を希望するが、同化主義思想のなか現実的には後者を認めざるをえない。そういったあきらめは、前述したように昭和 12（1937）年の早い段階からみられた。その時と同様、アイヌ民族は社会的には滅亡するが、生物学的には残るという考え方で民族主義と同化主義の間に折り合いをつけている。

　なお、そのような状況を作り出してきた和人側への敵意がまったくなかったわけではないが、それが強く表明されることはなかった。「侵略―迫害圧迫―無智政策―搾取等々、数へ来れば我々をして今日の逆境に落とし入れた原因は種々あろう。其の何れもが往時の為政者の罪悪であり社会の欠陥である」と指摘しているが、早い段階から「死児の齢を数へる様な泣言」はやめようと自制されていた [63]（森竹 1948）。大塚和義が指摘するように、体制の圧力のなか「破壊者に向けての告発が一定の距離を置いて用心深くおこなわれて」（谷川編 1972: 580）いたということかもしれない [64]。

　いずれにしても、森竹が生涯闘い続けた敵は、和人為政者でもアイヌ滅亡史観でもなく、アイヌ民族に対する社会の「蔑視」と、それを助長するアイヌ観光だった。榎森進は大正末期から昭和初期にかけてのアイヌ民族による活動を「一種の国家による同化政策のアイヌ民族自身による実践運動」と評している（榎森 2007: 474-475）。森竹竹市の活動も結果的に、まさに同化主義の実践運動であった。ただし念入りに確認しておくべきことに、森竹は嬉々として同化（Ⓑ和人化）を受け入れ推し進めたのではない。日本国の近代化を担う有望な若者として、またアイヌ民族に対する社会の「蔑視」と闘う次善の策として、やむをえずⒷ和人化経由での近代化を選択せざるを得なかったのである。

4　過去と現在の切り分け

1　内部からの改革努力

　これまでみてきたように、森竹竹市にとっての最大の敵はアイヌ民族に対する蔑視であり、またそれを助長するアイヌ観光だった。その究極の敵であ

るアイヌ観光に身を投じることになった理由を本節では検討してみよう。理由は主に二つ考えられる。一つは、アイヌ観光のあり方を内部から改革するというもの。もう一つは、「アイヌ民族」に対する抑えきれない愛着である。

　前者の、アイヌ観光のあり方に対する内部からの改革努力は、森竹自身が明確に説明している。

　　　ぼくはね、アイヌの見世物は大嫌いだった。それがなぜアイヌ記念館の館長になったかというとね、毎年沢山おとずれる観光客に対する説明などね、ひどいものが多くてね、そうすると、やっぱりその道に入っていかないと正しい説明がやれない。そう決心して入ったんですよ。（平村・森竹 1973）

　観光客が見たいものを見せるアイヌ観光ではなく、森竹が見せたいものを観光客に見せる観光を目指して、森竹は観光業界に身を投じたという。昭和新山に招かれたとき、経営者は森竹を「酋長として売り出したい意向」であったが、森竹は断固反対して「アイヌチセを記念館とし、私は館長となった」という（森竹竹市研究会 2009: 25）。また、「白老アイヌ民俗資料館の趣旨」説明に「展示されたもの及びその説明はすべて過去のものであって、現在のものではない」と明記した（森竹竹市研究会 2009: 23）。客に対して「『酋長制度など今はないんだ』とどやしつける」こともあったという（山本 2010: 10）。そして、観光客からは、「北海道に来て森竹さんに会わなかったらアイヌについて誤解をしたままでした」といったような手紙をもらっていたようで、そういう手紙を読むと「ほんとに良かったと思う」と森竹は語っている（平村・森竹 1973）。

　しかし、社会の「アイヌについての誤解」を解くことは決して容易なタスクではなかった。たとえば昭和 46（1971）年、森竹 69 歳のときに、差別的な観光パンフレットの問題が起きた。国際人類学民族学会の海外向けパンフレットに「いまなお伝統な慣習に従っている。…アイヌ集落で…アイヌを自由に観察できる[65]」といった内容が書かれた（『毎日新聞』1968.4.30; 森竹 1977: 76）。東京で開催させる国際会議のエクスカーションとして北海道の「ア

イヌ部落」観光が企画され、そのために日本人類学会と日本民族学会が日本
交通公社につくらせたパンフレットである（成田ほか編 1985: 327-328）。

　これは確かに誤った記述である。昭和 46 年にアイヌの観光地は、後述す
るように、白老コタンではなく観光用の「ポロトコタン」に移設されている。
つまり、観光客（視察団）が観光用のポロトコタンで見るコタンの姿やアイ
ヌの人々は営業用の「アイヌ民族」であり、普段着の生活者や生活空間では
ない。ふだん着の生活空間ででである白老コタンは、森竹曰く、近代的な家が
立ち並び、電化製品や自家用車を使用する「文化生活」が営まれている（森
竹 1977: 80）。このように、このパンフレットは、営業用の「アイヌ民族」と
普段着のアイヌを著しく混同したものとなっている。

　森竹は、そのパンフレットのことを知らせてくれた河野本道に宛てた返信
の下書きとして次のような内容を記している [66]。ウタリ協会が「カンカン」
に憤っているこの記事が、白老に関する内容であることより「内心すこぶる
穏やかならぬものを感じ」ている。この時代錯誤な記述は「アイヌはいつ迄
も無知蒙昧な被利用民族なりとの観念が未だに払拭されないために他ならな
い」もので、その背景には白老における観光事業のあり方にも「今昔が混
同」されるような余地があったのかもしれない。そして、「この問題の関係
者にお願いしたい」こととして、「ぜひとも予定通りに世界の人類学者、民
族学者を白老に御案内願ひたい」としている。そして、ポロトコタンではな
く、白老コタンを見学して、「現実のアイヌの生活状態を視察して頂きたい」。
そのためのご配慮を願うといった内容が記されている（森竹 1977: 77）。

　結局、北海道ウタリ協会や道内在住の民族学会員などから「時代錯誤」や
「差別的表現」との批判をうけて、このエクスカーションの企画は取りやめ
となった。ところが、後述するように、それから 14 年後の昭和 56（1981）
年に、再び類似の、より無遠慮な日本交通公社の宣伝広告がジャパンタイム
ズに掲載されることになる。

　このように、時代錯誤のエキゾチックなアイヌイメージに対する観光需要
は根強く、個々人の地道な「正しい説明」だけでは改善できないほどの勢い

があった。さらには、森竹が「白老における観光事業のあり方」を反省して
いることから見ても、改革努力そのものに対しても検討の余地があったのか
もしれない。アイヌ観光がアイヌの人々の経済機会として定着している以上、
そのコミュニティの一員として、観光客を呼びこめるエキゾチシズムの演出
を強く否定はできなかったであろう。このように、内部からの改革努力といっ
ても、結果的には、かつて森竹が嫌ったアイヌ観光からの脱却の方向性を大
きく差し示すことはできていなかった。

　それゆえに、森竹の観光事業への姿勢は、一方では「世間の誤った先入観
を正そうとする毅然とした姿勢」という評価がなされるものの（掛川 1977:
8）、他方では新たな醜い客の奪い合いとみていた者もいる（アイヌ民族博物
館 1996: 4）。貝沢にいたっては、当人から発せられた資料が少ないため他者
からの評価に依拠する限り、「醜い客の奪い合い」を繰り広げた代表的な観
光酋長の一人である（アイヌ民族博物館 1996: 4; 田辺 1984: 39）。

2　「アイヌ民族」への愛着

　内部からの改革努力もさることながら、「アイヌ民族」への抑えきれない
愛着というのが、より説得力ある方針転換の理由のように思われる。森竹竹
市も貝沢藤蔵も若い時には和人優位社会に飛び込んで「勤め人」として活躍
していた。だからこそ余計に、自身の民族的帰属を意識し、深く考え、「ア
イヌ民族」への愛着を確認し、そして晩年には「アイヌ民族」を実践できる
稀少な場としてのアイヌ観光に喜びを見出したのではないだろうか。

　アイヌ民族の過去の伝統文化に対しては、当時の和人エリートも賛辞を
送っていたように、壮年期の森竹や貝沢も称賛を惜しんでいない。貝沢は「今
日多少の読み書きの出来る私等でさえ、…アイヌの宗教は真に美しいもので
あると思って居ります」。口承文芸は「立派な文献になる価値のあるもの」
（貝沢 1931: 380, 383）と評価している。森竹はより生活文化への洞察をこめて、
鰊場に出稼ぎに行く今（昭和初期）のアイヌと比較して、「エカシは語る往
昔の生活」「熊と闘う話雄々しき」「神と人交りたり往昔のエカシの神話…」と、

昔のアイヌの狩猟生活を誇らしそうに詠っている（森竹 1937: 205）。

　そして森竹は人一倍、アイヌのコミュニティと文化とそしてイオマンテに愛着をもっている。老年期だけではなく、35 歳の時に出版された『原始林』においてすでに「熊祭」というタイトルの誌で、熊への愛情やコタンの人々との交わりを「喜びに満たされし」と詠んでいる。そして 64 歳のときも同じく朗らかに、「熊祭りの準備」と「イオマンテしたく」という詩に「イオマンテこそ民族の祭典！」「今日は大勢のウタリが集まって」と詠んでいる[67]。

　同じアイヌ観光でも、自身の文化的帰属をあたり前のものとして体現していた前章のアイヌとは異なり、本章のアイヌは民族の伝統文化をいちど客体化し、距離を置き、熟考し、その上で回帰している。その心の変化を、64 歳の森竹が次のように整理している。

もの心がついた頃 私は 素直だった	エカシ（長老）といわれる今 私は アイヌに生まれたことを 心から
年頃になって 私は アイヌに生まれたことを 呪った	喜んでいる それは アイヌだったからこそ 人間というものを
壮年の頃 私は アイヌの目を醒ますために 力をふりしぼった	考えれたからだ （1966 年作） （平村・森竹 1973）

　彼の生涯は「アイヌ民族」との格闘であり、アイヌとは何か、人間とは何かを常に深く考えざるをえなかったことが詠み込まれている。近代日本社会はいずれの時代をとっても多くのアイヌの人々にとって容易なものではなかっただろうが、帰属意識に関していえば、この時代の位相が最も複雑で切ない。近代化とⒷ和人化（同化）がほぼ同義なものと考えられていた時代に、

森竹竹市や貝沢藤蔵はⒶ「近代的なアイヌ民族」の姿を模索し悩み闘ったのである。

　森竹も貝沢も、前章のアイヌほど伝統的なコタンコロクルの要素を持ち合わせていない。両者とも熊を撃った経験はほとんどないようだ（D 氏 2015.7.31; 山本 2010: 10）。森竹は、昭和新山のイオマンテの際に、狩猟技術をもたないために、自ら熊にとどめを刺すことができなかったというエピソードが残されている（山本 2010: 10）

　しかし彼らは、次章のアイヌよりは、過去のアイヌとの文化的連続性を強く身につけている。森竹は幼少の頃日本語を理解しない祖母と暮らしていたことで「コタンでも有数の、アイヌ語の使ひ手」になったという（森竹 1977: 92）。大きくなってカムイノミをするときに「シャモ〔和人〕の名前ではカムイが受け付けない」からと母が提案し、子供の頃「コタンのエカシを集めて"イタクノト"というアイヌ名をカムイに登録した」（平村・森竹 1973）。また、年老いた母が「祖先の熊祭を催したい」というので、古老に頼んで熊猟に連れて行ってもらい、あやうく凍死しそうになったことがあるということで（森竹 1934: 400）、熊猟の経験が皆無ではないようだ。そのような、神と交流するための言語も資格も持ち合わせている森竹が出した結論が、イオマンテと、そして「アイヌ民族」を終わらせることであった。

3　「目覚めたアイヌ」の結論

　もともと森竹竹市と貝沢藤蔵が望んでいた社会は、「日本国民」という上位集団の中に「和人」と「アイヌ民族」という下位集団が包含されているⒶ近代化のベクトルである。今でいうところの多文化主義に近いものと考えられる。

　しかし、当時の同化主義思想（Ⓑ和人化）を前提とするならば、近代社会における和人とアイヌの差異はおおよそすべて「二流市民」のアイコンとして作用してしまう。よって、当時優勢であった同化主義思想を所与として「アイヌ民族」の誇りを守るためには、「二流市民」としてのアイコンを消し

去るほかない。つまり、今を生きる「二流市民」としてのアイヌをなくして
しまうということである。現在の「みじめなアイヌ民族」と過去の「誇らし
いアイヌ民族」を切り分け、「アイヌ民族」を誇らしい「遠い過去の記念碑」
として葬る必要があった。そうした、自身の文化属性を二分するような切実
な思いが『原始林』の序につづられている。

> 今日の同族は立派な教育を受け、宗教も次第に近代化し、新聞雑誌や凡
> ゆる文明機關に依って情操も豊かになって参り、自然古來から口傳された
> 宗教儀式や傳説等は廢れ、現存する古老の去った後は、全く之を見聞きす
> ることが出來なくなりました。此の過渡期に生れ合はせた自分が、同族の
> 同化向上に心躍るを禁じ得ない反面、何か言ひ知れない寂寥の感に打たれ
> るのをどうする事も出來ないのであります。斯うした懐古の情が、私を馳
> つて、折々古老を訪ねては傳説を聞き、風俗を質ね、各種の儀式には必ず
> 参列して見聞し、之等を、赤裸々に告白したのが本書であります。
> (中略)同族皆が、合理的な近代文化の中に融合し逢って、本書が遠い過
> 去の記念碑として、取残される日の一日も早い事を切望して居ります。
> 　　　昭和十二年初夏　　白老にて　　著者　　　　　　（森竹 1937: 130）

　伝統的なアイヌ文化に惹き寄せられつつ否定する。彼の複雑な思いが表現
されている。彼は晩年、自身を「最後のアイヌ」と呼んでいる（掛川 1977: 7）。
自分自身は「現在の」アイヌを捨てられないが、次の世代には「現在の」ア
イヌを残さないという意味である。「虐げられる悲憤　堪え難き世人の嘲笑
私は可愛い子孫にまで　此の憂愁を與えたくない」、「エカシの血こそ混ざれ
ぞ　もうシサム（和人）になるんだ」（森竹 1937: 151, 155）。このような差別
への疲弊は森竹だけではなく、同化思想との関わり方に差はあれ、近代化し
てゆく日本社会を生きた多くのアイヌの人々が共有した思いである。だから
こそこの時代に、文化的属性についての極端なジェネレーションギャップが
みられていたわけだし、アイヌ文化の継承が著しく先細りしたのである。
　伝統的なアイヌ文化にとどまる者を「遅れたアイヌ」と捉え、近代的なア
イヌを実践し自認していた森竹竹市や貝沢藤蔵は、アイヌの「野蛮」イメー
ジと最も結び付けられやすいイオマンテに自身が積極的に関わるという矛盾

を、おそらく、アイヌ文化の過去と現在を切り分けることでつじつまを合わせていたのではないだろうか。イオマンテを現在のあたりまえのアイヌ文化としてではなく、まもなく「遠い過去の記念碑」となる過去の伝統文化と位置づけることで、イオマンテの実践が正当化できたのである。

5　まとめ：「アイヌ民族」を終わらせる

　本章の時代区分において、想像の共同体としての広域なアイヌ民族共同体が形成された。そして、集団としてではなく、個として和人優位の近代日本社会に属した最初の世代である森竹竹市や貝沢藤蔵は、ローカルな地域アイデンティティとは異なる、広域な「アイヌ民族」共同体に熱い帰属意識を形成した。

　それにともない、イオマンテにも変化が生じた。コタンを越えて活動していた森竹竹市のイオマンテは——少なくても見つけられた資料の限りにおいて——「白老コタン」のイオマンテではない。形式もメンバーも旭川のアイヌとの合作である。この時期に白老のイオマンテは、祭場が白老コタンから観光施設へ、祭主が猟師から施設スタッフへ、メンバーが近隣住民から広域な同胞（仲間）へと変化している。「白老コタンのイオマンテ」ではなく、「アイヌ民族のイオマンテ」へと変質したのである。

　また、前章と本章のイオマンテは、興行や観光としての用いられ方および多数の見物人といった、表面的には同じ「見世物」のイオマンテにみえる。しかし、闘っている対象が大きく異なる。熊坂シタッピレと宮本イカシマトクは自ら熊猟をし、生死をかけて野生の熊と向き合っていた。彼らのイオマンテは一義的に、恐怖や畏敬や罪悪感といった感情に動機づけられるもので、自然との対話であっただろう。彼らは、イオル・システムに基づくものではないが狩猟を行い、アイヌ民族を自明視できる程度に白老コタンの中に身を置いた。

　それに比して森竹竹市と貝沢藤蔵が闘っていたのは人間社会である。彼ら

自身はほとんど狩猟をせず、彼らのイオマンテには生死をかけた切実さはそれほど伴っていない。しかし、同様の重みにおいて、劣位に置かれた「アイヌ民族」という社会状況と闘っていた。アイヌ民族の近代化する姿について希望をもち、そして挫折し、「アイヌ民族」に愛着があるからこそ、現在進行形の「アイヌ民族」をあきらめざるを得なかった。本章のイオマンテは、そういった同化政策の耐え難い矛盾を正面から引き受けたがゆえにたどり着いた、「最後」のイオマンテであった。森竹の身を裂くような願いどおり、この頃を最後に白老のイオマンテはひとたび担い手を失うこととなる。

注

55　『アイヌの叫び』は森竹竹市の代筆という説があるが（谷川編 1972: 580; 近代日本社会運動史人物大事典編集委員会 1997a:10）、本書では貝沢が執筆したものとして扱う。

56　2015 年 7 月の白老における聞き取りでは、アイヌ観光のためという見解が多勢であった。白老には、民族運動を通して森久吉（森サリキテの次男）との縁があった（A氏 2015. 7.31）。また宮本イカシマトクとも、宮本が平取にアイヌの宝物を買い付けに行った際に面識をもっていたという（B 氏 2015.8.3）。

57　大正 6（1917）年の調査によると、一部の老人を除いて、当時のアイヌの人々の多くは日本語とアイヌ語を話すバイリンガルであった（北海道庁 1918: 540-541）。ただし言語能力には差があり、一般的に高年層はアイヌ語をより得意とし、若年層は日本語を得意とした（北海道庁 1918: 540-541）。昭和 6（1931）年当時の言語状況を貝沢藤蔵は、老年層は「ろくに日本語を解せぬ」が「現在三十代以下の若いアイヌにアイヌ語で話しかけても満足にこれを解するものが少ない」と説明している（貝沢 1931: 375, 382）。

58　貝沢は高齢層側の視点も認識しており、「カムイノミ（神を拝む）する若きアイヌの居らぬ」を不道徳と捉えていると説明する（貝沢 1931: 376）。

59　河野も指摘するように、日本国の対外戦争が、内集団の結束を強めることに寄与したと考えられる（河野 1999: 27）。資料を見る限り、前章の世代の宮本イカシマトクも本章の世代の森竹や貝沢も同様に、随所において、強い愛国心を表明している。

60　山田伸一によると道庁職員喜多章明（和人）の私的なリーダーシップによって、『蝦夷の光』が発行され、その発行所として「北海（道）アイヌ協会」という名称が用いられた。喜多の個人的なリーダーシップといっても、アイヌの側から全道的な組織化の希求があったのは事実であり、やや個人的な思いが先行するかたちではあったが、結果的に喜多は求められていた場を用意したと考えてよいようだ（山田 2011: 411-459）。

61　この大会について様々な名称が用いられているようだが（山田 2011: 435）、ここで

は貝沢藤蔵が用いた用語に倣う。この大会はジョン・バチェラーの主催で開催された（山田 2011: 434; 小川 1997b; 貝沢 1931）。

62　リチャード・シドル（Richard Siddle）はこの時期のアイヌ民族の活動について、自身が同化と国家忠誠の手本となることがアイヌ民族全体のためと信じる人々によって担われていたと指摘している（Siddle 1999: 109）。「同化」の手本であるかは別として、たしかに森竹は自身を近代アイヌの手本とみなし、それが同族の為になると考えていた。

63　貝沢の著書『アイヌの叫び』にも同じ言い回しがみられる。「若きアイヌは目覚めたのです。我々は最早昔のアイヌでは無い。死児の齢を数へる様な泣言は止めて、先に進んで行く人々を追駈けて行かう！」「今後アイヌ人たりとも各社会層に乗り出して種々な仕事に従事すべき」「社会に出て激しき生存競争に参加しなければならない」と若いアイヌに対して、伝統に固執するのでも、恨み言をいって現状に留まるのでもなく、「成功モデル」に続くよう呼びかけている（貝沢 1931: 377-378, 380, 388）。

64　森竹が昭和 9（1933）年に全道のアイヌに配布した「全道ウタリーに諮る」というタイトルのリーフレットには、近文のアイヌによる「『我等の土地を返せ !!』、此の叫びこそ全道一万有余のウタリーが同時に発しなければならなかった生きるがための叫びであった」と体制への告発が記されている。ウタリー（同胞）からの反応はなかったが「この呼びかけで唯一の反応があったと言えば当時の"特高"が森竹さんの周辺を調べ始めたことだ」という（アヌタリアイヌ刊行会 1974）。また、上述した昭和 23（1948）年の『北の光』創刊号への寄稿文にも、死児の歳を数えるのはやめようと記したすぐ後に、しかし「土地を還せよ」と詩に詠まれている（森竹 1948）。

65　毎日新聞の「これはオソマツ とんだアイヌ紹介」という記事に紹介されている当該記事の全文和訳は次のとおりである。「北海道は孤立した原始民族のグループであるアイヌの島として知られている。日本文化の影響を広く受けてはいるが、アイヌの婚姻制度、精神生活は、いまなお伝統的な慣習に従っている」「白老は北海道のアイヌ集落として最も有名で百二十五家族、五百六十人のアイヌが住んでいる。あなたたちはそこで自由にアイヌを観察することができる」（『毎日新聞』1968.4.30）。

66　河野本道は、祖父常吉、父広道につぐアイヌ民族研究者の家柄の出身である。このとき本道は東京大学の大学院生であった（森竹竹市研究会 2009: 53-54）。マーク・ウィンチェスターによると、本道はもとはアイヌの復権などを主張していたが、1990 年以降に北海道ウタリ協会（現アイヌ協会）との間にトラブルが生じ、その頃から「急激に主張を変え」、アイヌ民族否定論に転向したという（岡和田・ウィンチェスター 2015: 19-21）。

67　昭和 41（1966）年 4 月に森竹が詠んだ「イオマンテしたく」という詩に共同作業の様子が描かれている。壮年達がイナウ（木幣）をつくり、若者組がヘペルアイ（花矢）をつくり、女性はシト（餅）をつくり、二人の中年女性が上座で丁寧にカムイシケ（神の荷物）をつくっている。「ひょうきんなやりとりが続き」「朗らかなイオマンテしたくの風景」とあり、共同作業の楽しさが伝わる詩である（森竹 1977: 14-15）。

第4章 イオマンテの再生（平成元～6年）
——名誉の回復

◆ 山丸武雄（大正3（1914）～平成6（1994））

父が漁業従事者で、自身も小学校卒業後の13～14歳から漁業に従事。35歳で白老漁業協同組合の理事に、63歳で組合長理事に就任。33歳のときに白老村議会議員に初当選し、76歳まで10期40年間村・町議会議員をつとめる。51歳のとき町議会議員として観光コタンの移設に関わって以降、アイヌの観光と伝承にたずさわることになる。アイヌ民族博物館の創立者であり、本章のイオマンテの再生を率いた人物である（アイヌ文化振興・研究推進機構 2000: 79-80）。写真は「昭和54年の町議選にて」（アイヌ文化振興・研究推進機構 2000: 97）

◆ 野村義一（大正3（1914）～平成20（2008））

父は本州から白老に来ていた季節労働者で消息不明。母は第2章で登場した野村エカシトクの姪。高等小学校卒業後、成績優秀なことより師範学校への進学を勧められたが、経済的理由から母校に給仕として勤める。21歳で白老漁業会（白老漁業協同組合の前身）に就職するが、20歳から終戦までの10年間、たびたび兵役に就く[68]。33歳でソ連の抑留から帰還後、漁協組合の専務理事に就任し58歳までつとめる。40歳から白老町議会議員を7期28年間つとめる。45歳で北海道アイヌ協会二代目理事長の森久吉（第1章森サリキテの二男）に請われて当協会の常務理事に就任。森久吉の死後49歳で協会の理事長に就任。世界的な先住民族復権の潮流のなか、アイヌ新法の制定に向けて尽力した。日本社会にアイヌ民族の新し

い時代をもたらした重要な功労者の一人である（野村 1996; 本多 1993: 101-
136）。写真は平成4（1992）年、ニューヨーク国連本部にて「国際先住民年」
開幕式典の記念演説（United Nations 2013）。

1　白老流のイオマンテの復活

　平成元（1989）年、白老民俗文化伝承保存財団（現アイヌ民族博物館）は3
日間にわたる大規模なイオマンテを実施した。それは白老流のイオマンテを
復活させるプロジェクトの第一弾である。まずは弟子屈から招いた伝承者の
やり方で若い職員がイオマンテを経験することに主眼が置かれた[69]。酒や
供え物づくり、飾り付けなどの用具づくりから始まって、前夜祭、幾度とな
く唱えられるカムイノミ、熊の解体等々、できる限り「伝統的」なイオマン
テの再現が目指された。その仔細は報告書にまとめられている。熊について
は、「肉体と魂の遊離」過程前までは仔熊を用い、それ以降は博物館で飼育
していた7歳の成獣雄熊を送った。

写真13　1989年のイオマンテ

（一般財団法人アイヌ民族博物館蔵）

　翌年の平成2（1990）年、第二弾として、白老流のイオマンテの復元が試
みられた。調査部門が入念に白老流のイオマンテについて調査研究をした手
法・手順・内容を、伝承部門が実践するという段取りである。このときも、「白
老にはカムイノミのできる古老がいない」ため、祭司は再び弟子屈の日川善

第4章　イオマンテの再生（平成元～6年）　95

次郎が担った。熊は、儀式全体を通して財団が飼育していた成獣雌熊を用い
た（アイヌ民族博物館 1990b: 2-3; 1991）。

　平成6（1994）年、第三弾として白老流のイオマンテの完全復元が試みら
れた。アイヌ民族博物館（平成2年に改称）の伝承課職員が中心となって実
施し、祭主も博物館の職員が担った。用具の不足が生じて急きょ製作する等
の問題はあったが、それも含めて「今後の実施に向けての貴重な経験」となっ
たという（アイヌ民族博物館 1994: 2, 1996）。こうして白老流のイオマンテが復
元されたあとは、飼育している熊の老衰などの折に、白老流のイオマンテで
亡くなった熊を神の国に送っている。本章では、この平成のイオマンテから、
日本国における、同化主義から多文化主義への転換期の「アイヌ民族」に接
近する。

　ところで、熊の殺傷をともなうイオマンテについて、日本社会では継続
的に批判的意見が存在している（小川 1997a）。江戸時代には「蛮習」との批
判が見られるが[70]、現代的な批判の根拠は動物愛護である。昭和26（1951）
年の北海道新聞に、東京子供会の陳情や日本動物愛護協会からの懇請をうけ
て田中敏文北海道知事が、日本動物愛護協会会長レディー・ガスコインと面
談したことが報道されている（『北海道新聞』1951.2.9）。その直後北海道新聞
の紙面ではイオマンテに対する賛否両論が繰り広げられている。廃止論者の
意見として「アイヌ民族の古式祭典」であることは理解できるが生きた熊を
使用せずに「剥製」などで代用してほしいというものもある（『北海道新聞』
1951.2.15, 17, 21）。そういった批判の高まりに呼応して、昭和30（1955）年、
北海道知事は「生きた熊を公衆の面前に引き出して殺すことは…廃止されな
ければならない」「熊のさらし首についても廃止されなければならない」等
の旨を各市町村長および各支庁長に通達した[71]。

　ところが平成19（2007）年に、「アイヌ文化の尊厳に誤解を生じさせる」
（北海道 2007）おそれがあるとしてその昭和30年通達が撤回された[72]。つま
り、イオマンテの開催やスタイルについて行政は関与しないということであ
る。ただし、その平成19年通達には「ヒグマを絶命させる等の行為」に対

しては国内外に賛否両論があること、よってそういった批判論にも留意することが明記されている。

　実際、平成 19 年通達が出された直後に、動物虐待防止会が猛烈な抗議文を北海道に送っている。「森に生き狩猟を生業とするアイヌの方がいない現在、儀式とは考えられません」「アイヌ民族とその伝統儀式は尊重する、しかし、熊を殺すことは容認できない」（動物虐待防止会 2007）といった趣旨の抗議内容である[73]。

　平成 19 年通達が指摘するとおり、平成の時代においても、熊の殺傷をともなうイオマンテに対しては批判的見解が存在する[74]。また後述するように、本物の熊を用いたイオマンテを実施することは、現代アイヌにとって容易なタスクではない。「森に生き狩猟を生業とするアイヌの方がいない」この時代に、それでもなお万難を排して、できる限り「伝統的」なイオマンテを再現する動機はなんだろうか。本章では、平成時代のイオマンテに託された切実な役割を、対外的なものと対内的なものにわけて検討する。

2　対外的な要請：「アイヌ民族」の存在証明

1　先住民族復権の潮流

　1950 年台後半、人権意識の高揚を背景に公民権運動が米国で始まる。黒人から女性へ、次いで先住民族などが、既存社会における単一文化的な支配に異議を申し立て、「アイデンティティ・ポリティクス」や「差異の承認」といわれる運動をはじめた[75]（盛山 2006; 丸山 2011b: 123-126; 佐藤 2014: 160-161）。これは、「平等」の考え方に再考を迫るものである。A と B、異なるものを平等に扱おうとするとき、従来は両者を「同じもの」として扱うこと、つまりできるだけ「差異を考慮しない」ことが平等だと考えられていた。それに対して新しい「平等」の考え方は、両者を「異なるもの」として扱うこと、つまり「差異を承認する」ことによる平等を主張していた（Taylor 1994; 山森 1998）。

　日本社会においても従来は、和人とアイヌを「同じもの」として扱う平等をめざして同化政策がとられてきた。明治政府は、明治 4（1871）年にアイヌを「平民」に編入し、和人と同様に日本国の教育を受けさせ、和人と同様に農業等を実施させるように方向づけた。しかし、「そのような形式的原則は実際には二級市民を生み出す」（山森 1998: 8; Taylor 1994）。独自の価値観と生き方を否定され、それまでの経済活動、生活様式、社会関係が損なわれたアイヌの生活は結果的に困窮し（榎森 2007: 393-433）、特別な保護政策が必要となった。そして、前章でみた森竹竹市や貝沢藤蔵の苦悩や葛藤は、このような「差異を考慮しない」平等の結果として生み出されたものである。

　しかし 1980 年頃から、世界的な先住民運動の高まりのなか、日本社会においても民族的差異性を強調する動きが顕著になっていった。昭和 57（1982）年に北海道ウタリ協会が北海道大学に対してアイヌ人骨の返還と供養に関する要請を行った。昭和 59（1984）年に北海道ウタリ協会が民族の復権を打ち出した「アイヌ民族に関する法律（案）」を定例総会で決議し、新法制定に向けて国内外でアピールを始めた。昭和 60（1985）年には内藤美恵子氏（現チカップ姓）が肖像権侵害訴訟をおこし、平成元（1989）年には貝澤正・萱野茂両氏が二風谷ダム建設に対して行政不服審査法に基づいて審査請求を行った。いずれも、「アイヌ民族」が日本社会において経験してきた「同じ」と「異なる」のアンビバレントな処遇に対する抗議であり、限りなく和人に近い「二級市民としての日本人」ではなく、和人とは異なる「アイヌ民族としての日本人」に対する正当な承認を要求するものである。

　このような日本の先住民運動を主導した主要人物の一人が野村義一である。平成 4（1992）年の「国際先住民年」の開幕式典において、北海道ウタリ協会（現北海道アイヌ協会）理事長であった野村が「私は幽霊ではありません。皆さんの前で〔アイヌ民族を代表して〕今しっかり立っています」と演説したことは有名である（野村 1996: 239-240）。ここでも、アイヌ民族が、和人に同化して消滅したのではなく（「幽霊」ではなく）、いまここに和人とは異なるものとして存在していることがアピールされている。

2 野村義一の民族運動

　その野村義一の活動の経歴を概観しよう。野村は 45 歳のときにアイヌ協会に関わるまで反差別や復権といったアイヌ民族の運動には関わっていなかった。彼はもともと、森竹竹市とは対照的に、「アイヌ民族」についての葛藤をそれほど経験していなかったらしい。「アイヌ民族だからといって差別に苦しんだ経験はない」と語っている（『朝日新聞』2009.2.20: 本多 1993: 110-113）。「森竹さんの生きてこられた時代は差別問題の厳しい時代で、それは並大抵な苦しみではなかったと思います」とも述べている（森竹竹市研究会 2009: 144）。しかし、野村の時代も差別がなくなった時代では決してない[76]。新聞記者の本多勝一は、野村の学業成績が抜群であったことから「差別のすきを与え」なかったとか（本多 1993: 111-112）、差別体験はあったが、彼の誇りがそれを認知させなかったというように（本多 1993: 126）、野村が差別に苦しまなかった理由を推測している。いずれにしても野村は森竹ほど「アイヌ民族」にこだわらずに生きていた。「アイヌ民族だからといって」との表現から、自身をアイヌと認識していたことは確かである。しかしながら、自己を理解するさいに、「アイヌ民族」というカテゴリーを優先的に動員するほどでもなかったようだ。

　彼はアイヌ語も話さない。アイヌ語の方が得意な祖母と同居していたために習う機会はあったのだが習わなかった。子供の頃、祖母と母が話す言葉が、意味の通じないアイヌ語であることを何ら不思議にも思わなかったという。後に「民族文化の核心」であるアイヌ語を習っておけばよかったと残念に思ったというエピソードから見ても（本多 1993: 108-109）、アイヌ協会にかかわる前の野村は実に「アイヌ民族」について無頓着だったようだ。

　白老漁協組合の専務理事として漁協経営の健全化や組合員〔約 80 ％がアイヌ〕の負債整理や住宅改善に全力を尽くしていたとき、「北海道の先住民族として改めて自覚するような動機なり余裕なりはほとんどなかった。（中略）森竹竹市…たちが何かやっているらしいていどのことは聞いていたが、

…知らないので関心も薄かった」と野村自身が述べている[77]。46歳のとき北海道アイヌ協会に関わることになったのも、アイヌ問題の先覚者としてではなく、「協会の財政危機を克服・再建するための実務家としての高い能力がかわれて」とのことである（本多 1993: 102, 120; 野村 1996: 193）。野村は理事長の座を固辞し、まずは二代目森理事長（森サリキテの二男久吉）の補佐役として昭和35（1960）年にアイヌ協会の常務理事に就任した。そして昭和39（1964）年に森理事長の死去にともない、野村が理事長に就任する（本多1993: 120-121）。

　野村がアイヌ協会理事長として、北海道や国の省庁（厚生省、文部省、労働省、建設省）にアイヌ対策を要求していたころ（榎森 2007: 558）、アイヌの人々の間には侮蔑的な「北海道旧土人保護法」の廃止を要求する意見があった。これら廃止論者にむけて野村は、「保護法が死文化され、なにもしてくれなかったということの生き証人として、私たちがこの法律を背中にしょって、ウタリ対策を国に訴えるから、もう少し時間をくれないか」と説得したという（野村 1996: 146, 203）。

　野村らの働きかけが功を奏し、昭和47（1972）年、北海道がアイヌ政策に乗り出すこととなった。序章で紹介したアイヌ生活の実態調査が行われ、そこで和人とアイヌとの明確な生活格差が明らかにされた。この頃、過去との文化的連続性は弱まっていたにもかかわらず、「アイヌ民族」というカテゴリーはミクロな相互作用の場においてしっかりと作用し続けており、差別や格差をもたらしていた。さらには、この社会調査によって、「アイヌ民族」というカテゴリーの存在が、個人的な経験というだけではなく、公的な行政課題として再確認された。

　昭和49（1974）年に北海道ウタリ福祉対策七か年計画が開始され、二次、三次へと継続されることになる。それでも和人とアイヌとの生活格差はなくならず（中村 2008）、就職、結婚、日常生活などでの差別もなくならなかった。野村は、「保護」と「救済」を目的とする表面的な福祉対策ではなく、より「抜本的」な対策を検討するようになる。いわゆるアイヌ新法の制定である。「教

100

育が無い、貧乏だ、環境が無い」ということで馬鹿にされるならば、それはアイヌ自身が努力する。国や道庁には「アイヌであることを胸を張っていえる社会」をつくってもらう責任がある（野村1996: 52-62）。実務家の彼が、眼前の問題に対処していく過程で、本当に必要なのは福祉対策ではなくアイヌ民族の復権だという「抜本的」な政策課題に行きついたのである[78]。

このように、「アイヌ民族」に無頓着であった野村が、実践的な必要として「アイヌ民族」へのこだわりを形成するに至った。それは前章の "抑えきれない愛着" としての「アイヌ民族」へのこだわりではなく、格差是正に向けた抜本的な対策としての、すなわち名誉回復のための「アイヌ民族」へのこだわりである。

そのころ日本政府は、世界の潮流となりつつあった「差異を考慮しない」から「差異を承認する」民族政策への転換に消極的であった。国連の「自由権規約」に基づく日本政府の報告書の第一回目から第三回目をみると（**表3**）、自由権規約委員会からの外圧に押されて政府見解がしぶしぶシフトする様子がみてとれる[79]。

昭和55（1980）年の第1回目報告書では「少数民族は我が国に存在しない」とシンプルに断言されている。6年後の中曽根首相による「単一民族国家」

表3　自由権規約第27条に関する日本政府の報告内容

第1回目 1980年	自己の文化を享有し、自己の宗教を実践し又は自己の言語を使用する何人の権利もわが国法により保証されているが、本規約に規定する意味での少数民族は我が国に存在しない。
第2回目 1986年	我が国においては、自己の文化を共有し、自己の宗教を実践し、又は自己の言語を使用する何人の権利も否定されていない。（改行）本条との関係で提起されたアイヌの人々の問題については、これらの人々は、独自の宗教および言語を保存し、また独自の文化を保持していると認められる一方において、憲法の下での平等を保障された国民として上記権利の享有を否定されていない。
第3回目 1991年	我が国においては、自己の文化を共有し、自己の宗教を実践し、又は自己の言語を使用する何人の権利も否定されていない。（改行）本条との関係で提起されたアイヌの人々の問題については、これらの人々は、独自の宗教および言語を有し、また文化の独自性を保持していること等から本条にいう少数民族であるとして差し支えない。これらの人々は、憲法の下での平等を保障された国民として上記権利の享有を否定されていない。

外務省（2014）より引用。それぞれ「規約第40条（b）に基づく報告（仮訳）」。筆者下線。

発言と同様、「同化」が成功裏に終了済みという認識である。規約人権委員
会の審査記録によると日本政府代表が、アイヌと和人とのあいだには「生活
様式の違いは識別できない（the difference in their way of life indiscernible）」と
説明している（CCPR/C/SR.324 1981.11.10; 榎森 2007: 562）。それが、昭和 61
（1986）年の第2回目報告書では、「少数民族」とまでは言えないが、「独自
の文化を保持している」という見解に変わっている。さらに、平成 3（1991）
年の第3回目報告書で、とうとう「少数民族」（「先住民族」ではなく）の存在
を認めるに至った。

　この頃、野村義一ら北海道ウタリ協会は、国連規約人権委員会への通報を
行い、「アイヌ民族に関する法律（案）」をまとめ、その制定に向けて様々な
活動を行っていた。道庁および国家レベルの国会、行政、政党などに働きか
けを行い、一般市民に向けても講演会やシンポジウムを開催した。アメリカ
やオーストラリアや中国など国外の先住民族との交流をもち先住民族問題に
関する国際的なネットワークを構築していった。国際労働機関総会、そして
国連先住民作業部会には 9 回も参加し、国際機関を通して日本の問題を世界
に発信した（榎森 2007: 556-583; 野村 1996: 65-94）。上述した平成 4（1992）年
の国際先住民の開幕式典における演説について野村は、日本政府がアイヌ
民族を先住民族として承認していないのに、「国連が先住民族の一員として、
私を国連本部に呼んで演説をさせてくれて〔先住民族だと〕認めてくれた、
このことは全く嬉しかった」と語っている（野村 1996: 65-94）。

　平成 9（1997）年、日本国では、アイヌ民族の先住性が認められないまま、
北海道旧土人保護法が廃止され、アイヌ文化振興法が成立した。同法は、野
村ら北海道ウタリ協会が示したアイヌ新法案の「基本的人権」「参政権」「教
育・文化」「農業漁業林業商工業等」「民族自立化基金」「審議機関」といっ
た 6 項目のうち「教育・文化」のみに手当てをしたものであり、野村の考え
た「抜本的」な対策案の部分的な対応に過ぎなかった。

　野村はひき続き、他の項目も法律に乗せるよう政府に働きかけるつもり
だったが、その前年の 5 月に理事長選挙に敗れ、82 歳で北海道ウタリ協会

の理事長を退いている（竹内編 2004: 129）。「もうあれだけは私、残念だと思っ
てる。今でも忘れられない」と野村は後に語っている（竹内編 2004: 50-51）。
そののち、国会が「アイヌ民族を先住民族とすることを求める決議」を採択
したのが平成 20（2008）年 6 月で、その年の 12 月に野村は 94 歳で他界し
ている。

3 「アイヌ民族」の有力なアイコン

　以上のように、白老でイオマンテの復活プロジェクトが取り組まれたころ、
日本政府は「アイヌ民族」の存在をまったく認めていなかった。「旧土人保
護法」が存在しており、アイヌ生活の実態調査で生活格差や差別が報告され、
日本社会のなかに「和人」と「アイヌ」を分かつ境界認識があることは明ら
かであった。しかし「生活様式の違いは識別できない」という理由で、その
境界は「民族境界」とは認められていなかった。ゆえに、アイヌ民族の復権
を目指すためには、何らかの方法で「民族的な違い」を国内外に強くアピー
ルする必要があったのである。

　実は、白老民族文化伝承保存財団（アイヌ民族博物館の前身）がイオマン
テの復元と伝承に着手したのは、冒頭のイオマンテより早い昭和 52（1977）
年である。昭和 52 年、昭和 53 年、昭和 55 年に、千歳から文化伝承者を祭
主に迎えてイオマンテを実施している[80]。残念ながらこのときのイオマン
テについてはあまり記録がみつけられておらず、詳しい目的や実施方法に
ついてはわからない。しかし、1 回目は、白老町観光協会主催による第一回
「白老どさんこ冬祭り」のなかの一つのプログラム「イオマンテ公開行事」
として実施されているようで（白老町町史編さん委員会 1992b: 47;『北海道新聞』
1977.2.5, 7;『北海タイムス』1977.2.5;『室蘭新聞』1977.2.7; アイヌ民族博物館 2014:
50, 1990a: 緒言）、数少ない資料を見る限り、この段階のイオマンテは前段階
のイオマンテの延長であり、まだ、世界へ、日本へ、そしてアイヌ民族へむ
けた強いメッセージ性のようなものはあまり見受けられない。

　より明確な民族の戦略性と神聖性をともなって執り行われたのが、冒頭で

紹介した 4 回目（平成元年）以降である。昭和 55（1980）年、日本に「少数民族はいない」との政府認識が示され、昭和 61（1986）年に中曽根康弘首相の「日本単一民族国家」発言があり、それを受けて野村義一らがアイヌ民族は存在するということを、国内外に向けて精力的に発信していたタイミングである。

　1 回目から 3 回目のイオマンテと、4 回目のイオマンテの違いは、財団職員の説明にも顕著に示されている。前のイオマンテ実施から「10 年ほどで、世間のアイヌ文化に対する認識と理解は比べものにならないほど高まり深くなってきている。アイヌ自らの民族としての意識も高揚し、文化を担い伝承保存しようという気運も高まってきている」と記されている（アイヌ民族博物館 1990a: 緒言）。国際社会で動き出した先住民族の新しい時代の波は、白老のアイヌ・コミュニティを着実に巻き込んでいた。

　4 回目（平成元年）のイオマンテは、儀式の参加者を狭め、広く同族への参加案内は送らず、マスコミ報道も一切受け付けなかった（アイヌ民族博物館 1990a: 緒言 , V-7）。ここにおいて、それ以前までのイオマンテからの質的変化が明確になった。5 回目（平成 2 年）以降は、「積極的な広報活動は行わないが、参加希望者は受け入れることとした」という（アイヌ民族博物館 1991: 2, 1990b; G 氏 2000.9.18）。

　このように、先住民族の新しい時代が到来し、かつアイヌ民族の存在を強くアピールしなくてはいけないタイミングにおいて、アイヌ民族の切実な使命を背負ってイオマンテの復活プロジェクトは取り組まれた。これまでも見てきたように、イオマンテは、アイヌ民族にとっても和人にとっても、「アイヌ民族」の存在を認識するためのわかりやすいシンボルだからである。「野蛮」という汚名をうけて消え去ったイオマンテを、「最高の儀式」と意味づけなおして現代に蘇らせることが企てられた。当時、白老民俗文化伝承保存財団会長であった山丸武雄は、イオマンテ実施の意義を次のように表明している。

　　　民族が民族として存続していくためには文化的財産を保ち続けていかな

ければならないことは自明のことであります。ましてや、規模・内容とも最高の儀式といわれる熊送りの儀式を、民族不朽の伝統として次代を担う若者が受け継いでいくことは、民族の自立と文化の健全な発展を目指していくわたくしども多くの同族に課せられた急を要するテーマの一つといえるでしょう。(アイヌ民族博物館 1990a: 序)

　アイヌ民族「存続」のために、アイヌ民族を象徴するアイコンの復活が、白老のアイヌ・コミュニティだけではなく「多くの同族に課せられた急を要するテーマ」だった。つまりこのイオマンテは、白老のためだけではなく、広域な「アイヌ民族」を視野に入れた儀式であった。
　しかしこの対外的な要請は、現代にイオマンテが必要とされていた切実な理由の片腕でしかない。もう一つの片腕は、対内的な要請である。同化主義の時代に、不本意ながらアイヌ自身が断ち切ろうとしてきた「アイヌ民族」の過去と現在の連続性を、この機にしっかりと補強する必要があった。いいかえると、アイヌ民族の歴史に連なっているという感覚の補強である。

3　対内的な要請：「アイヌ民族」の文化的連続性の補強

1　イオマンテを復活させることのハードル

　日本中の地域社会の多くが、伝統的な祭りや儀式の衰退を経験している。近代化の過程で産業形態が変化し、地域共同体の凝集性が低下し、よって地域集団によって執り行われてきた儀式や祭りの意義や必要性が薄れた。さらに高度成長期を過ぎてからは、地域経済の停滞と過疎化や高齢化が進むなかで儀式の担い手が減少し、次世代に伝統を引き継ぐことが困難になっている。このような社会の大きな趨勢はアイヌ・コミュニティでもおおむね同様であり、モチベーションの高揚、担い手の確保、予算的裏付けなど、どこの地域の伝統継承活動でも経験しているような課題と向き合うことになる。
　そういった一般的な課題に加えて、アイヌ民族の場合は特有の課題も有している。いくつかの課題があるが、なかでも重要なのが、文化の担い手とし

ての自信の問題である。平取町二風谷地区の事例から、現代アイヌがイオマ
ンテを執り行う場合の課題について検討してみよう。

　二風谷という地名は、二風谷ダム訴訟やアイヌ初の国会議員である萱野茂
の名において全国に知られている。地区住民約 500 人弱、その 7 割がアイ
ヌである（貝澤 2011: 3; 札幌地判平 9.3.27 第一法規 DB）。その二風谷で平成 16
（2004）年頃にイオマンテを復元しようという試みがあった。昭和 52（1977）
年に萱野茂が記録保存のために実施したイオマンテが二風谷における最後の
開催であり、平成 16 年の試みが実現していれば 27 年ぶりのイオマンテと
なったはずである。「世界で一番アイヌ民族が密度濃く生活している」二風
谷において（貝澤 2011: 3）、しかし平成 16 年のイオマンテ復元の試みは「失
敗」に終わった。

　二風谷におけるイオマンテ復元の試みは、平取町教育委員会のアイヌ文化
振興クラスター事業の 3 年目にあたる平成 16 年に計画された[81]。事業スタッ
フは、当初は熊の殺傷をともなう「本物」のイオマンテの復元を構想してい
たが、次に熊の殺傷をともなわない演劇形式の「イオマンテ・パフォーマン
ス」へと方針転換をし、結局最終的にはイオマンテとかかわりのない伝統舞
踊などを中心としたフェスタを実施することになった（中村 2009）。

　なぜ度重なる方針転換が必要だったのか。当時二風谷で参与観察を行って
いた中村尚弘は二風谷におけるイオマンテ復元の難しさとして以下のような
点を挙げている。まずは技術的な問題。生業とのズレから、現代アイヌは生
きた熊を扱うことに慣れていない、というよりは扱ったことがない人がほと
んどであろう。二風谷でも、危険な熊を扱うという安全面における課題があっ
た[82]。

　次に、資料や伝承者が少なく、復元すべきモデルがわからないという課題
があった。二風谷における最後のイオマンテである昭和 52 年の参加者も過
半数は他界しており、ご存命の高齢者からも協力を取り付けることが難し
かったという（中村 2009: 41）。なぜならば彼らは「アイヌ民族」にかかわり
たくなかったからだという。一般的に、差別をうけてきた経験から、アイヌ

関連の事柄に関わりたくないという話はどこの地域でも頻繁に報告されている。二風谷の事例でも、今よりも強い差別を受けてきた高齢世代に、アイヌに関わることを嫌がる傾向がより強く、復元事業への協力に消極的だったという（中村 2009: 41）。

　差別の問題に加えて、第三にアイヌ文化を伝承することに対する自信の問題がある。中村は二風谷の現代アイヌ、とくに若年世代が、「萱野によって作られた『二風谷の伝統』を『間違った』方法で受け継ぐことを恐れて」いると指摘する（中村 2009: 35-36）。本書の言い方をすれば、文化の担い手としての自信のない状態である。つまり、熊坂エカシテバやシタッピレなどの、アイヌ語を母語としていた世代が、イオマンテの熟達者であるからこそ社会環境に応じて自身の裁量で儀式の形式を調整することができたのと反対の状態である。

　そういった非熟達者にとって、現代のイオマンテは、アイヌの神（キムンカムイ、ヒグマ）との交流という神聖性のみならず、おそらくより重要なこととして、「アイヌ民族」との交流という神聖性を担っているのである[83]。現代アイヌにとって、イオマンテほどの大がかりなアイヌの伝統文化を体現することは、個々人の慣習や趣味の領域を超えた、集合的な「アイヌ民族」を背負った一大プロジェクトなのである。「真似事でも簡単にさわるべきものではない」（中村 2009: 44）という参加者のコメントがイオマンテ伝承の精神的なハードルをよく表している。

　以上二風谷の事例から、現代アイヌが「アイヌ民族」の象徴としてのイオマンテを復元することに覚える高いハードルを確認した。技術的および精神的なハードルを乗り越える高度な精神力と努力を要するし、意志ある一人のそれではなく、集団的かつ継続的な協力関係、つまり民族的なまとまりを必要とするのである。

2　文化の担い手としての自信を取り戻す

　二風谷にみた文化の担い手としての自信の問題は、白老のアイヌの人々の

間にもあったはずである。「真似事でも簡単にさわるべきものではない」という、イオマンテが象徴する「アイヌ民族」に対する神聖性も感じられていただろう。だからこそ、真剣に、そして自信がない分忠実に、過去の世代のイオマンテを再現する必要があったのである。

　イオマンテの批判論者がよく、実際に熊は送らずに形だけを真似ればよいと提案する（動物虐待防止会 2007;『北海道新聞』1951.2.9）。仮にそのような代替策がとられることがあるとしても、そのためにも、平成時代のアイヌには、文化の担い手であるという感覚を取り戻す必要があったのだ[84]。イオマンテというアイヌ民族の重要な祭事の、核心と枝葉の全体像を熟知していることを自認できる熟達者であるからこそ、どの部分が変えられるのかを考えることができる。すなわち、そのレベルにおいて、熊坂エカシテバやシタッピレらが行っていたように、自身の裁量で、社会環境の変化にともなう切実な要請に応じて伝統の様式を微調整することができるのである。その熟達レベルの感覚に近づくために、冒頭で紹介した、平成元（1989）年、2（1990）年、6（1994）年の 3 回のイオマンテでは、可能な限り過去の熟達者と忠実に接続できるような「本物」のイオマンテが切実に必要だったのである。

　それら 3 回のイオマンテを通して、アイヌ民族博物館は白老流のイオマンテを復元した。その後、平成 8（1996）年、11（1999）年、21（2009）年にも、白老のアイヌが祭主を務めて白老流のイオマンテが実施されている[85]。そして 8 回目（1999 年）と 9 回目（2009 年）は、学ぶためのイオマンテではなく、熊を送るためのイオマンテに意味内容がシフトしている。財団で飼育している熊の死に際して執り行われたのである。特に 9 回目は「30 年間をアイヌ民族博物館で過ごし」「現在の博物館職員の誰よりも長くこの博物館に暮らしたタローに礼を尽くす意味」でイオマンテを実施したという（秋野 1999: 2-3; 村木 2009）。飼いグマの死という突発的な事態に対して十全に対応することができるほど、白老流のイオマンテは復活を果たした。白老のアイヌは「規模・内容とも最高の儀式といわれる熊送りの儀式」を自らの手に取り戻し、現代の文脈に即して自由に執り行うことができるようになったので

ある。文化の担い手としての自信を取り戻し、アイヌ民族の歴史に連なっているという感覚を補強することに成功した。

そのような一大プロジェクトを、二風谷では実現できず、白老で実現できたのはなぜだろうか。おそらく、二風谷では「血縁、地縁関係の営みの中」で文化を伝承してきたのに比して、白老では博物館を中心に文化伝承が行われていたことによる（アイヌ文化振興・研究推進機構 2007: 14; 内田 2015）、組織力の違いが関係していたと思われる[86]。これはどちらが良い悪いではなく、イオマンテという集団的かつ継続的な協力関係を要する事業に関しては、白老の方が有利な特性を有していたということである。その白老のアイヌ・コミュニティの組織力は、観光を通して継承されてきたものである。次節では、観光を通して継承された白老のアイヌ・コミュニティの組織力の歴史、別の言い方をするとコタンコロクルの「神官」機能の系譜がアイヌ観光を介して博物館へ引き継がれてきた歴史を概観する。

4 観光を介した「神官」機能の系譜

白老におけるコタンコロクルの「神官機能」の系譜について、前章までに検討した部分を確認しておこう。まず、明治初期にはイオル・システムがまだ存続しており、第1章の主人公である熊坂エカシテバは、複合的イオル共同体を代表するコタンコロクルであったと考えられる。それは、満岡伸一のいう、「最高顧問」（政治機能）と「神官」を兼ねたような存在のことである（満岡 1987: 26）。

次に、第2章の主人公である、熊坂エカシテバの息子、シタッピレの時代になると、イオル・システムは衰退し、白老コタンはイオル共同体ではなく生活共同体へと変質した。それにともない、コタンコロクルが担っていた政治機能（最高顧問）は新しい町内会様の組織に引き継がれていった。しかしコタンコロクルの宗教機能（神官）は存続し、熊坂エカシテバは晩年祈祷者とよばれ、熊坂シタッピレもコタンの儀式のときには祭祀をつかさどった。

　そのコタンコロクルの神官機能を引きついだコタンコロクルの末裔、およびそれに相当する人物が、イオマンテのような祭事を観光ビジネスの文脈に持ち込んだ。イオル・システムではなく観光の文脈で、コタンコロクルの神官機能を継承する観光酋長の誕生である。観光酋長がコタンコロクルから引き継いだ神官機能が、平成のイオマンテを成功させたアイヌ民族博物館に引き継がれていくまでの歴史を、本節では見ていこう。

1　アイヌ観光の拡大

　第 3 章でみたように、明治 14（1881）年の明治天皇に続き、多くの要人が白老に来村し、やがて一般の観光客もやってくるようになった。それにともない、コタンコロクルの末裔による要人へのおもてなしは、観光酋長による経済活動へ発展した。並行して、小学校長の発案で女性たちの踊りも始められ、次第に観光酋長が、踊りのできる女性を確保して組織的なアイヌ観光を営むようになった。

　戦時体制で漸減した客足が再び増加に転じた昭和 22（1947）年頃には、宮本イカシマトクと貝沢藤蔵がアイヌ観光を営んでいた。それぞれ踊りができる女性 10 名ほどと合意を取りつけており、お客が来るたびに自転車で声をかけてまわり、都合の良い人が集まって踊りを披露していた。踊り一回につき 300 円の現金収入になったということで、踊る側の女性にとっても当時は家計の大きな助けになったという（田辺 1984: 38; 山崎・寮 2011; D 氏 2015.7.31）。

　その後も白老のアイヌ観光は拡大の一途をたどる。昭和 26（1951）年には、駅前で旅館や土産物店をしていた和人らが観光協会を発足させ、客の流れを整理するようになった。日替わりで上り列車の客は宮本に、下り列車が貝沢というように客をふりわけていたという（田辺 1984; 白老町町史編さん委員会 1992b: 62）。昭和 32（1957）年には白老駅とコタンを結ぶ 12 人乗りの駅馬車が配されるようになった（**写真 14**）。さらに、昭和 35 年頃には、当時、駅から白老コタンへ行く途中にあった公民館でアイヌ民族についての説明をする

110

別のグループが表れ「第二部落」
とよばれた。そこに森竹竹市も
頼まれて仕事をしていた。（ア
イヌ民族博物館 1996: 4-5)。

昭和 37（1962）～ 38（1963）
年ごろにはさらに観光客が激
増し、昭和 39（1964）年には
56 万人余の観光客が訪れるよ
うになっていた（田辺 1984: 38-
39; 白老町町史編さん委員会 1992b:

写真 14　宮本イカシマトクのチセ（看板）と
駅馬車（昭和 35 年）
(木下 1988: 92、一般財団法人アイヌ民族博物館蔵)

4, 1284)。白老コタンの駅寄りの端（図 8（p.50）の C-02 あたり）にあった宮本
家と貝沢家の周辺が一大観光地「アイヌコタン」となり（**写真 15**、**写真 16**)、
土産物屋の一角も形成された（**写真 17**)。そうすると、「アイヌの学校を見る
んだ」と言って観光客が小学校に土足でどんどん上がり、「校舎の中をめちゃ
めちゃに歩き回る」ような観光マナーの問題や、お土産品の生産が追い付か
ないことによる劣悪品の販売など、さまざまな問題が顕著になった（アイヌ
民族博物館 1996: 4; 野本 2013: 45-46)

写真 15　宮本トモラムのチセに代替わり
（昭和 37 年）
(撮影　掛川源一郎、掛川 2004:15)

写真 16　宮本家のチセと奥に小学校
（昭和 39 年頃）
(写真提供：白老町教育委員会)

　そのような状況において、北海道から行政指導が入った。これまでのアイ

ヌコタンでは観光客やバス・自家用車を収容することが出来なくなってきたこと、茅葺家屋が密接して火災予防上の危険性があること、私有地での営業であることを理由に観光用のエリアを「適切な場所に移設するように」との指導が行われたのである（白老町町史編さん委員会1992b: 4）。

写真17　土産物屋の一角
（昭和37年）
（撮影　掛川源一郎、掛川 2004:19）

白老コタンでは早くも大正時代からたびたび、アイヌ観光や伝承・保存活動を組織化しようとする動きがあった。それでも、関係者の利害を調整してお金や人を動かす動機が熟していなかったためか立ち消えている[87]。それがとうとう、北海道からの指導をきっかけとして、個々の観光酋長によって私的に行われてきたアイヌ観光が組織化されることになった。

2　観光コタンの移設

　山丸武雄が白老町議会議員としての立場から観光コタン移設の中心的役割を担うことになった。山丸も、野村義一同様、51歳でコタン移設に関わるまで、観光や文化伝承事業に関わることはなかったという[88]（アイヌ文化振興・研究推進機構 2000: 79-80）。山丸が、観光対策委員会会長となり、観光協会と共同で計画を策定した。支庁や道庁が協力し、今田敬一、犬飼哲夫、高倉新一郎といった外部有識者の共同診断も得た。その結果、観光コタンの移設地が白老コタンより1.5キロほど北西にあるポロト湖畔に決定された（白老町町史編さん委員会 1992b: 4-5; アイヌ文化振興・研究推進機構 2000: 79; 森竹竹市研究会 2009: 28）。

　そして、昭和40（1965）年5月に、ポロト湖畔に観光用につくられた「ポロトコタン」での営業が開始される[89]（**写真18**）。運営主体として、白老町

の第三セクターである「白老観光コンサルタント株式会社」が設立され、北海道議会議員を代表取締役社長とし、山丸武雄、野村義一、その他町長や観光協会の役員らが専務理事に名を連ねた（白老町町史編さん委員会 1992b: 521）。実際の運営は、山丸武雄専務と濱弥一郎事務局長が当たっていたようで、山丸が「親父」、濱が「女房」のような存在で「何をやるんでも家族的な雰囲気」でやっていたという（アイヌ民族博物館 1996: 5, 16）。

写真 18　ポロトコタン（昭和 42 年）
（写真提供：白老町教育委員会）

写真 19　ポロトコタンに新設された
宮本と貝沢のチセ（昭和 40 年）
（野本 2013: 47、一般財団法人アイヌ民族博物館蔵）

　こうして、とうとうアイヌ観光の組織化が達成され、「現在のアイヌ」の生活空間と「過去のアイヌ民族」を継承し展示する場が切り分けられた[90]（**写真 19**）。「第三者的な多くのアイヌ」は観光コタンの移転を「心から喜び…移設に一同協力した」という（森竹竹市研究会 2009: 28）。

　とはいっても、新しいポロトコタンの経営が直ちに順風満帆だったわけではない。第一に、移設をめぐる騒動があった。ポロトコタンの観光酋長となった宮本芳雄（宮本イカシマトクの長男）が、移転後 1 か月で白老コタンの自宅（以降「旧観光コタン」とよぶ）に戻ってしまった。雇用される立場になったことで収入が減少し、自由が利かなくなったから、「お客さんが入らないから」、「約束が違うから」といった理由が記録されている[91]。宮本に伴って日本交通公社の写真屋も旧観光コタンに戻り、観光代理店や添乗員も観光客を宮本のいる旧観光コタンに連れていってしまう。

　ポロトコタンでは集客がままならないだけではなく、「素人ばかり」になってしまい、文化伝承者を集めることに苦労したようだ。宮本イカシマトクの三男で芳雄の弟である登に鵡川町から戻って来てもらい「酋長」をお願いしたり、「家でぶらぶらしていたお婆さんたち」を「かりだし」たりして「急場を凌いだ」という（アイヌ民族博物館 1996: 4-9; 田辺 1984: 41-42; 森竹竹市研究会 2009: 28; 野本 2013: 47）。この逸話からも、白老のアイヌ観光を牽引していた宮本家において、つまり観光の文脈を背景として、父から子へコタンコロクルの神官機能が引き継がれていたことがうかがえる。

　第二に、ポロトコタンでは組織の運営も簡単ではなかった。「ポロへ入った頃は、本当に貧乏な話ばかりで」、冬季は燃料の確保にも事欠いた。客が入っていないときにスタッフが裏山へ木を拾いに行ったり、通勤途中に人目を盗んで木工場から木の皮を拾ってきたり、山丸が組合長を務める漁業組合保有の山林から木を切り出したりした（アイヌ民族博物館 1996: 7, 12-13; アイヌ文化振興・研究推進機構 2000: 79）。山丸会長がスタッフにいう口癖は「お前たち食うだけ働いたか」で、「一生懸命頑張らなければお客は来ない」、それでは給料が払えないと言ってスタッフを鼓舞していたという（アイヌ民族博物館 1996: 8, 15-16）。

　第三に、アイヌ観光をめぐる偏見問題が相変わらず続いていた。前章で紹介した「今と昔を混同」する国際人類学民族学会議の海外向けパンフレットが出たのが昭和 46（1971）年である。その 10 年後、昭和 56（1981）年にジャパンタイムズに掲載された日本交通公社の宣伝広告には、より無遠慮な表現が用いられている。「白老で本当のアイヌ部落を見学し、名高い毛深いアイヌの古い風習と文化を目の当たりにする魅惑的な旅」とツアーの内容が紹介された [92]（成田ほか編 1985: 328-329）。それに対して、札幌在住のアイヌなどが「日本交通公社のアイヌ差別を糾弾する会」を結成し、8 回もの会合を設けてこの問題について日本交通公社を追及している。彼らはウタリ協会白老支部にも対応を求めたが、応答も対応もなかったという。そのことについて彼らは観光を産業とする白老側の事情を理解しつつ、快くは思っていなかっ

たようだ（成田ほか編 1985: 257-258, 279）。ちなみにこのとき森竹竹市はすでに他界しており、白老側からの資料はみつけられなかった。

　第四に、ポロトコタンと白老町との関係が問題になった。昭和 49（1974）年に左翼過激派による白老町長襲撃事件やポロトコタンへの嫌がらせなどがあった[93]。「町長はアイヌを観光の道具に使って食い物にしている」という誤解に基づくもので、これ自体は一過性の事件に過ぎなかった。しかしこれを機に町とポロトコタンの関係、そしてポロトコタンの経営方針が問い直されることになった（『北海道新聞』1974.3.10, 8.1, 11.29 など）。

　白老観光コンサルタント株式会社は、資本金の 77％が白老町による出資で設立されていた。ポロト湖畔は町有地であり、同社が町から管理委託を受けるかたちであった。しかし、自然発生的に拡大した観光事業の統制と環境改善を目的としたポロトコタンへの観光地移設事業は役割を終えたとして、町はアイヌ観光から撤退し、同社は解散することになった。

　そして昭和 51（1976）年 9 月に、観光に力点が置かれた半官の「白老観光コンサルタント株式会社」を発展的に解消し、民族文化の保存と伝承に力点を置いた民間の「財団法人白老民族文化伝承保存財団」が設立された（『北海道新聞』1974.9.25; 大塚・吉田 2003: 166）。前社長を名誉会長とし、会長が山丸武雄、理事に野村義一や前身の役員らが就いている（白老町町史編さん委員会 1992b: 521）。アイヌの人々を中心とする自律的な運営組織としてのポロトコタンの特徴が明確になった[94]。その後、昭和 59（1984）年に山丸「念願」の「アイヌ民族博物館」が開館される[95]。平成 2（1990）年に財団の法人名が「財団法人アイヌ民族博物館」に改称され現在に至る[96]（アイヌ民族博物館 2014; アイヌ文化振興・研究推進機構 2000: 80）。

　このように、白老におけるコタンコロクルの神官機能は、コタンコロクルから観光酋長へ、観光酋長から博物館へと引き継がれてきた。そしてイオマンテを復活させたことで、神官機能の継承者としての博物館の位置づけが、改めてシンボリックに証明されたわけである[97]。

3　政治機能の系譜——地縁型住民組織からテーマ型市民団体へ

　最後に、コタンコロクルの政治（最高顧問）機能の系譜も簡単に考察しておきたい。第 2 章でみたように、明治以降の白老コタンは、白老村の一つの住宅地区へと変わっていった。つまり、白老コタンは、ある程度の自律性を有する（複合的）イオル共同体から、地方自治体の中にある一つの生活共同体へと変質した。そこで、コタンコロクルの政治機能は、ひとまず町内会様の地縁型住民組織に引き継がれた。ところがやがて、自治体の論理にもとづいて行政区や町内会の編成や区画整理が進み、またコタンから離れた新興住宅地などに住むアイヌの人々も多くなった。結果として現在、「白老のアイヌ・コミュニティ」という言葉が指し示す対象は、白老コタンの範囲にある地縁型住民組織ではなく、白老町にある「アイヌ民族」をテーマとする市民団体へと変容している。この一連の変化をもう少し丁寧にみていこう。

　白老コタンに町内会様の住民組織がつくられたのは、第 2 章でみたように、大正 4（1915）年である。共同浴場、海岸目標灯、組合貯金、精神修養、講和等を目的として「白老土人協会」が設立された。その初代会長は和人の満岡郵便局長で、二代目の会長が第 1 章の主人公である森サリキテである。彼は「部落民の総意により初の部落葬」が催されたというほど部落改善、土地問題、子弟の教育などに尽力した（竹内 2008: 2-4）、まさにコタンコロクルの政治機能を引き継いだ人物であり、近代的リーダーの先駆けである。

　白老土人協会のその後の展開については、残念ながら不明である。かわりに、「白老コタン」の空間上の変遷を追っておきたい。大正 8（1919）年、白老村に二級町村制が施行される。同年、村内に 18 の部（昭和 2 年に「行政区」に改称）が設置され、各部に部長（区長）が置かれた。旧白老村の範囲に絞ると 5 つの部（区）である。その一つに「古潭部（区）」がある。これは「白老コタン」の範囲を指すものと推測される。しかし、昭和 12（1937）年の地番整理において「古潭」の名称が使われなくなる。5 区編成であることには変わりがないが、「古潭区（部）」と同じ範囲がそのまま「浜町」に改称されたのか、あるいは「浜町」が別の論理で線引きされた範囲であるのか

は不明である。町制施行後の昭和34（1959）年区制制度制定の際には、町内には49区（町内会）が設置され、廃止時の昭和57（1982）年には102区（町内会）となっている。旧白老村の範囲についていえば昭和34時点22の行政区があり、浜町だけをとっても1区から5区に細分化されている（白老白老町町史編さん委員会 1992a: 541-613）。この時点においてすでに、白老コタンであった場所は、おおよそ自治体の論理によって境界づけられたり、細分化されていったりしたように思われる。さらに、その後も区の編成や改称が進み、現在は「浜町」という住所表記も存在しない。

　住民組織に目を向けると、「戦後の白老において最初の町内会がいつ、どこで誕生したかは明らかではない」が、昭和30（1955）年以後だと推測されている。昭和34（1959）年区制条例制定に先駆けて、「町内各地の代表者の意見を求めるために」、町内会未設置地区においても設置が要請された。先述したように、この時点で白老コタンであった場所はいくつかの町内会（区）に分散されており、白老コタンであった場所を網羅的に組織する地縁型住民組織はみあたらない。その後「町内会等の自治組織が全町網羅されて自主活動が積極的に行われいる」ことと地方自治法上の都合から、昭和57（1982）年に区制条例は廃止され、「区」が「町内会」に改称されて「一切が自主運営に任される」こととなった（白老町町史編さん委員会 1992a: 640-613, 1992b: 966-968）。

　平成24（2012）年時点、白老町には9,320世帯が暮らし、104の単位町内会と18の連合会がある。加入率が100％であることより（白老町町内会連合会 2012: 1）、白老町において町内会が重要な住民組織であることは間違いないようだ。しかし、上述したように領域的に、また社会関係上も、そこには白老コタンとの連続性は認められない[98]。

　アイヌ民族を代表するコタンコロクルの政治機能の系譜は、町内会ではなく、北海道アイヌ協会白老支部に引き継がれていったと考えるほうが妥当であろう。これは白老コタン（であった場所）に住む人々を対象とする地縁型住民組織ではなく、白老町全域に住む人々を対象とするテーマ型市民団体で

ある。第 3 章でみたように、北海道アイヌ協会自体はローカルなアイヌ集団
から自由になった近代アイヌによって結成された広域な組織である。森サリ
キテの息子久吉と森竹竹市は北海道アイヌ協会の設立当初（昭和 21 年設立）
の協会役員であり [99]、森久吉は第二代理事長である。

　そのように白老は北海道アイヌ協会と縁が深く、支部も本体の協会発足後
まもなくの昭和 23（1948）年に設立された [100]。初代支部長は野村義一と記
されている。設立後、本体の活動の停滞にともない支部活動も停滞してい
た。しかし、野村義一が本体の常務理事に就任した昭和 35（1960）年頃から、
本体の再出発にともない白老支部の活動も再開された。しかし、会員数が伸
び始めたのは、昭和 49（1974）年、北海道の第一次ウタリ福祉対策が開始
されてからだという。これを受けて国のアイヌ政策も「さま変わり」し、「白
老町にも、生活相談員が設置され、会員数も飛躍的に伸び、支部としての体
裁を整えるまでになった」という（北海道ウタリ協会白老支部 1998: 11-12, 24）。
平成 29（2017）年時点の会員数は 235 人である（白老町 2017）。

　このように、コタンコロクルの政治機能の系譜は、白老に住むアイヌの人々
を自動的にあるいは強制的に網羅するようなかたちではなく、個人の自由な
選択意思によって出入りするかたちで、北海道アイヌ協会白老支部（現「白
老アイヌ協会」）へと引き継がれていったと考えてよいだろう。

　なお、政治機能の系譜とは性質が異なるが、白老町には「アイヌ民族」を
テーマとする市民団体が他にもいくつか存在する。本章で扱った「一般財団
法人アイヌ民族博物館」（職員数 48 名）はその代表格である。そのほか「一
般社団法人白老モシリ」社員数 94 名、「白老民族芸能保存会」会員数 27 名、「チ
シポの会」会員数 27 名、「チタラペ」会員数 4 名、「テケカラペ」会員数 7 名、
「フッチコラチ」会員数 16 名が「町内のアイヌ関連団体」として白老町ホー
ムページにて紹介されている（白老町 2017）。また、筆者が知るところでは
宮本イカシマトクの孫にあたる大須賀るえ子氏が、「白老楽しく・やさしい
アイヌ語教室」を主催されている。

　このように、ローカルな「白老のアイヌ・コミュニティ」という言葉が指

し示す対象は、地縁型住民組織からテーマ型市民団体へと変容した。現在でも白老コタンであった場所に代々住んでいる人たちは多くいる。しかしその場所は、日常的には住宅地以上の意味をもっていないように思われる。そうではなく、「白老コタン」はイオマンテと同様、白

写真 20　浜町公園のアイヌ碑

（筆者撮影　2015.8.6）

老のアイヌ・コミュニティの過去と現在の連続性を象徴するという重要性を有しているのである。実際に連続性の象徴として、かつての白老コタン中央部は「浜町公園」として整備され、立派なアイヌ碑が建てられている（**写真20**）。

5　まとめ：アイヌ民族ここにあり

　世界的な先住民族復権の潮流のなか、白老のアイヌ・コミュニティはイオマンテを復活させた。それは、コタンコロクルの時代のローカルなアイヌ・コミュニティに対する未練や時代錯誤な回帰現象ではない。むしろ近代に創造された広域の「アイヌ民族」を民族内外に提示するための未来志向の企てであった。このイオマンテは、対外的には「アイヌ民族」の存在証明、対内的には「アイヌ民族」の統合という新しい役割を担っていた。

　昭和の終わりごろ、当然ながら、イオルをもちコタンを治めるコタンコロクルはいなかった。それは、帯刀して領地を治める武士がいなかったことと同様である。日本社会の近代化にともない、社会のしくみは変化し、個々人も皆近代日本社会の担い手へと変化した。アイヌと和人の表面的な差異も著しく縮小していたが、それぞれの歴史に連なっている感覚は個別に存在していた（ハーフなどで両方に連なっている感覚という場合も含めて）。本章の時代の

アイヌにとって、非常に身近な存在である祖父母（第 2 章の世代）は伝統的なアイヌ民族の装いをし、アイヌ語を話していた。また、自身も日常的に和人から他者（アイヌ民族）としてみられる視線を経験しており、アイヌとしての自己認識は常に呼び起されていた。つまり、この時代にも「アイヌ民族」というカテゴリーはまったく滅亡などしておらず、むしろしっかりと作用していたのである。

　そういったアイヌ民族への帰属意識を押し殺さざるを得なかった前章の同化主義の時代とは反対に、本章の時代は、帰属意識を自由に表現することが容認され、推奨され始めた多文化主義時代の入り口である [101]。そのタイミングでイオマンテは、ローカルな儀式でも、「野蛮な」風習でもなく、広域なアイヌ民族にとっての「最高の儀式」と再定義されて復活が期された。第 2 章の観光のイオマンテのところで、イオル共同体の公的な活動であったイオマンテが、個人の猟師による私的な活動へ移行したと論じた。それが再び、帰属意識の受け皿としての、山丸武雄の言葉では「民族が民族として存続していくため」（アイヌ民族博物館 1990a: 序）の、より広域な「アイヌ民族」にとっての公的な機能を果たすようになった。

　山丸が意図した通り、アイヌ民族博物館が復元したイオマンテの記録は、白老のみならずより広い「アイヌ民族」にとっての重要な資料と位置づけられている。「…細部にわたる詳細な記録をとっており、さらにイオマンテに関するもっとも新しい報告である」として、佐々木利和は江戸時代の記録を評価する際のモデルとして平成元（1989）年実施の報告書を採用している（佐々木 1992: 153）。小川正人も「近代の入り口の頃に行われていた、イオマンテの一つのかたちを比較的忠実に再現した記録と言えると思います」と同報告書を評価している（小川 1997a: 254）。アイヌ文化振興・研究推進機構は 1989 年、1990 年、1994 年実施の記録を編集して同機構の「アイヌ文化再現マニュアル」を作成している（アイヌ文化振興・研究推進機構 2010）。また、米国のスミソニアン国立自然史博物館で開催された 1999 年 4 月〜 2001 年 4 月アイヌ特別展に、アイヌ民族博物館が協力依頼を受けたのも、イオマンテ

の継続的な実施などが評価されてのことだという（野本 1999: 6）。

　外部の専門家からも承認を受けているような、「アイヌ民族」がここにあるという強い象徴性は、イオマンテにかかわった人たちはもちろんのこと、かかわっていない人たちにとっても、民族的アイデンティティのよりどころになっているようだ。白老で若い世代のアイヌとお話をさせていただくと、民族アイデンティティについて屈託のない印象を受ける。民族アイデンティティを特別に否定するわけでも、執着するわけでもなく、自身の一つの特性として受け止めている。そのうえで、アイヌの伝統文化について学びたい気もするがなかなか時間が取れないといったことや、日常的にアイヌ民族を実践できるわけではないのでそれを実践している「太い幹」があれば安心する、といった話を伺った（I 氏 2015.8.3; H 氏 2015.8.2）。和人の感覚に置き換えてみるならば、自ら日常的に和装や茶道をやるわけではなく、神社での神事に関わっているわけでもない。しかし、誰かがそれをやっており、そこに「和の文化」が引き継がれているし、その気になればいつでもアクセスできるという安心感に似ていると思われたので確認したところ、同意してもらえた[102]。

　アイヌ民族博物館が復活させた平成のイオマンテは、ひとつの法人組織の私的な活動というだけではなく、「アイヌ民族」を実践している「太い幹」の象徴、つまり帰属意識の受け皿という意味で多くの現代アイヌを包摂しうる公的な意味をもつ活動なのである。「アイヌ民族」の時間軸をシンボリックにつなぎ止め、空間的に広く包摂する、近代的な「アイヌ民族」のための新しいタイプの儀式である。

　世界の先住民族復権の波を日本に取り入れることに尽力したのが野村義一であった。そして、その新しい潮流をとらえてイオマンテを再生することができたのは、白老のアイヌ・コミュニティの組織力である。それは、熊坂家や宮本家などを中心にアイヌ民族を見せることを通して継承されたアイヌ観光の職業共同体であり、それを文化伝承の組織に発展させた山丸武雄率いたアイヌ民族博物館の組織力である[103]。アイヌ観光は、個々の関係者にとっ

ては生活手段や文化機会のための苦肉の策であったが、「アイヌ民族」にとっ
ては同化主義に抗してアイヌ・コミュニティのまとまり（組織力）を維持す
る防波堤の役割を果たした。

注

68　2015 年 7 月の聞き取りでは、山丸武雄と森竹竹市には兵役経験がないようであった。

69　祭主の日川善次郎は明治 44（1911）年に平取で生まれ、沙流川流域の文化を身に
つけていた。「1980 年代アイヌ語で祭司ができる数少ないエカシの一人といわれ、道
内各地の祭儀に彼の姿を見ることが多かった」という。白老の伝承のイオマンテ第 5
回目の直後、平成 2（1990）年 6 月に他界した（横山編 1995b: 44; アイヌ民族博物館
1990a: 緒言 , 1991: 2, 132）。

70　秋野茂樹によると、羽太正養（1807）『休明光記』と松田傳十郎（1818）『北緯談』
に熊祭の禁止が触れられている。江戸時代には、松前藩は藩経営のための必要から、
幕府はロシアの脅威から、「松前藩はアイヌの和風化を拒み、幕府は〔和風化を〕積
極的に奨励」したという（秋野 2006: 22）。明治に入ってからも、明治 5（1872）年、
開拓使が蛮習としてイオマンテの廃止を通達している（北海道 1971: 674）。当時開拓
使内部で交わされた文書には「土人ノ陋習〔いやしい習慣〕洗除ノ為、オムシャ・熊
祭、廃止ノ件」（明治 5 年 10 月 10 日）という記述がみられる。大正 13（1924）年に
なると――前章で見た森竹竹市のような――見世物扱いに対するアイヌからの批判
を意識して、「土人風俗矯正の取締方」という通達が出されている（小川 1997a: 272-
274）。北海道立文書館に照会したが、同通達の原本は確認できなかった（2015.3.30）。

71　「熊祭りについて」昭和 30 年 3 月 10 日付け 30 畜第 471 号北海道知事通達。

72　「動物を利用した祭礼儀式について」平成 19 年 4 月 2 日付け自然第 8 号北海道環境
生活部長通達。平成 19 年通達では、イオマンテは適切に実施される限り動物愛護の
精神に抵触するものではないとの見解が示され、反対にアイヌ文化の振興に配慮すべ
きことが各関係機関に指示された。この通達までの経緯は次のようなものである。平
成 17（2005）年にウタリ協会が北海道に昭和 30 年通達の撤回を求める（横田 2007）。
その後、道は動物愛護管理法におけるイオマンテについての見解を環境省に照会する。
それに対して環境省は、同法基本指針（「動物の愛護及び管理に関する施策を総合的
に推進するための基本的な指針」）の「動物を利用した祭礼儀式」に該当するとして、「正
当な理由をもって適切に行われるものである限り、…動物愛護管理法…やその精神に
抵触するものではない」との見解を示した（北海道 2007; 横田 2007）。それでは、「正
当な理由」や「適切に行う」の基準はなにかというと、同指針には「我が国の風土や
社会の実情を踏まえ」、「国民的な合意のもとに形成」されるものとされている。つま
り、「正当」や「適切」についての厳密な基準があるわけではなく、その時々の標準
的な期待値から著しく外れないように、という意味合いである。そして、イオマンテ
についての標準的な期待値として環境省が示した見解は「真に純粋な民族的・宗教的

儀礼の一環としてアイヌ民族の関係者だけの参加のもとに行われる」ことである（北海道 2007）。

73　動物虐待防止会は、平成 19 年通達の論理は、人間を保護する論理であり、動物の保護には当たらないと反論している。一般公開だろうが「アイヌ民族の関係者だけ」であろうが、会は、熊が苦痛を与えられることを「不適切」と指摘しているのであり、いくらアイヌ民族の「純粋な宗教的儀式」だとしても、それは「正当な理由」には該当しないとの見解である（動物虐待防止会 2007）。

74　動物愛護法の基本指針にあるように、「国民が動物に対して抱く意識及び感情は、千差万別」である。筆者は大学の授業において、この問題について学生に議論をしてもらうことがある。そこでも、私たちが日々「動物を食材として利用」し、「動物実験」によって開発された製品を使用していることを勘案した上でもなお（両者とも同指針において、「祭礼儀式」と並んで同法に抵触しないものとして挙げられている）、そして「少数民族の文化の復元や伝承」に一定の価値を認めてもなお、狩猟を生業としない現代のアイヌの人々が殺傷をともなうイオマンテを行うことには反対するという意見をもつ学生が、少数派ではあるが一定程度存在する。なお、白老における平成のイオマンテは、熊が苦しまないようにとの配慮がなされていた。それでも、熊の殺生、解体、頭骨の屋外設置（昭和 30 年通達における「さらし首」）などに対して、反対意見を持つ人はいるかもしれない。

75　盛山和夫は、米国の社会権運動が 60 年代末から 70 年代にかけて「地位向上運動」から「文化的市民権」運動へと変化したと説明する。前者においては「マイノリティの『地位の向上』とは…マジョリティの文化への「同化」を意味していた」のに対して、後者においては「これまで画一的な文化的規範が支配していた領域において、生活様式の多様化と、それらの平等な承認を求める運動」である（盛山 2006: 246, 42）。後者が「アイデンティティ・ポリティクス」や「差異の政治」などとよばれる。

76　序章で「アイヌ生活実態調査」を確認したように、差別は、減少しつつあるものの平成 25（2013）年時点でも存在している。当然、昭和 30 年代にも差別や蔑視に苦しむアイヌは多くいたのであり、だからこそ、「旧土人」や「保護民」としてのレッテルを擁する旧土人保護法の撤廃が求められていたのだし、「アイヌ協会」が「ウタリ協会」へ改称された。なお、差別する側がそれと気づかない無自覚なものであっても、当事者にとっては差別と捉えられることに留意する必要がある。時代がやや遡るが、菅原幸助が、一校（現東京大学）に進学したばかりの知里真志保を例として説明している。周りの学生たちが「何ら皮肉の意味でなしに発した」、「クマの肉やサケ…〔ではなく〕米の飯ばかり食べていて、体はなんともないか」や「口辺に入墨をした娘…〔ではなく〕日本の娘はシャンに見えるかい」といった質問が、「物見高く」「傍若無人」で「デリカシイ」に欠いており、知里真志保を苦しめた。知里真志保は大学教授になってからも、死ぬ直前まで、「はたでみていても、気の毒でならないほど…アイヌに苦しんでいた」という（菅原 1966: 214-216）。菅原はこのような和人のアイヌ認識を「無垢な野蛮意識」と評している。

77　森竹竹市ら先人たちが、野村のような次の世代のアイヌに、「アイヌを自覚する動機」のない時代を用意したことも忘れてはならない。たとえば、野村も山丸も白老の

村・町議会議員を長く勤めているが、アイヌの地方議会議員が誕生したのは森竹の時代である。森竹竹市は昭和 10（1935）年に静内でアイヌの代表を町議会議員に推し、貝沢藤蔵や川村カネトにも応援してもらい、当選させている。また、森竹自身も昭和 12（1937）年の白老村議選に立候補し、翌年繰り上げ当選を果たしている。普通選挙制度の成立という社会背景のもと、アイヌが一定の票を勝ち取って公的地位につくという前例をつくった先人たちの努力があった（山本 2005: 139; 平村・森竹 1973; 小川 1997b: 314-315）。

78　北海道新聞の山川力は森竹竹市を「ロマンチストであった。…それだけに、実務者ではなかった」と評している（森竹 1977: 224）。他方、朝日新聞の記者だった本多勝一は野村義一を、先住民族問題の先覚者としてではなく、財政的危機を克服する「実務家」としての能力がかわれてウタリ協会の理事長に推されたと評している（本多 1993: 102）。その差異は活動内容にも反映されている。たとえば、野村義一も森竹竹市もアイヌの人々の貧困を問題視していた。森竹はアイヌの人々の精神に着目し「自覚」や「自力更生」を目指したのに対して、野村は社会環境に着目しアイヌの人々をとりまく産業、雇用、住宅状況の改善を目指した。ただし、これは個人の特性だけではなく、時代の差異も反映しているだろう。

79　「自由権規約」とは、世界人権宣言（1948 年国連総会にて採択）の内容が条約化された「国際人権規約」の一部。言い換えると、「国際人権規約」はこの「自由権規約」（市民的及び政治的権利に関する国際規約）と社会権規約（経済的、社会的及び文化的権利に関する国際規約）からなる。昭和 41（1966）年に国連総会において採択され、昭和 51（1976）年に発効、日本は昭和 54（1979）年に批准している。自由権規約の第 27 条に少数民族の文化享有権が明記されており、本文中のやり取りは、それの順守状況をめぐって自由権規約委員会からの見解に日本政府が応答しているものである。

80　祭主の栃木政吉は明治 29（1896）年頃に夕張郡長沼町に生まれる。3 回目のイオマンテの 5 年後、昭和 60（1985）年に 90 歳前後で他界している（アイヌ民族博物館 2015: 栃木政吉）。

81　アイヌ文化振興クラスター事業は、平取町教育委員会が厚生労働省の緊急地域雇用創出特別交付金事業（2002 年〜 2004 年）として企画した。同事業の実施は社団法人北海道総合計画調査会が受託し、毎年度 15 名程度の地域住民が一時雇用され、展開されていた（中村 2009: 36-37）。

82　熊猟をしていた時代でさえ、熊猟で命を落としたり、飼育している仔熊から大けがを負わされたりしたという話が記録されている（門崎・犬飼 2000; 藤村編 1979a: 9-11; 高橋 1971: 63-64）。第 1 章で紹介した森サリキテの妻スイサンの事件もその一つである（藤村編 1976: 8）。

83　中村尚弘も二風谷の事業関係者による次のような見解を紹介している。「イオマンテが『年中行事』であった当時、イオマンテには極端な神聖性は存在していなかった。アイヌの年中行事としての親近性が薄れ、その中でイオマンテは神聖性を徐々に増していった」（中村 2009: 49）。

84　平成 2（1990）年のイオマンテの成果について、博物館の主任学芸員は次のように記している。「祖先伝来の神そのものに対する考え方、クマという尊い神を送るとい

う民族的行為のもつ意味、それを執行して行く際の伝統的な方法と男女それぞれの役割。民族が民族として存在する所以といってもよいこのような伝統文化が、今回のイオマンテによって若い世代の者たちにより強固に担われたと断言してもよい」（アイヌ民族博物館 1990b: 3）。

85　第8回目と9回目の祭主は山丸武雄の息子の山丸郁夫。山丸武雄は第5回目、平成2（1990）年のイオマンテの2年後に財団の会長を退き、第6回目、平成6（1994）年のイオマンテのあとすぐ80歳で他界している。

86　伊達市における意識調査からも、白老のアイヌ民族の特徴としての組織力が見て取れる。アイヌの民族性を活用したまちづくりに関して「白老が行っているようなことをできたらいいけど、ここでは無理」（新藤 2014: 150）といったたぐいの言及が多くみられる。他方そういった規模の大きさや専門性が、アイヌと和人との文化的衝突を可視化させ、またアイヌ文化の敷居を高くしており、門別町に比して白老町において、文化伝承に否定的なアイヌの意見が多いことに結び付いているとの側面も指摘されている（松本・江川 2001: 153）。

87　大正12（1923）年にアイヌ民族の資料館を建設しようとする計画が立ち上がった。高橋土人病院長が、民族資料の保存を主目的として熱心に提唱していたようだ。発起人には、志賀村長、満岡元土人協会長、山本土人学校長、森土人協会長が名を連ねており、総予算3000円として「有志の醵金を募ることになった」とある（『北海タイムス』1923.5.13）。大正15（1926）年に白老村会の議決を得て、支庁に請願書が提出され（『室蘭毎日新聞』1926.7.14）、昭和2（1927）年には白老村長が内務省にも出向いて請願したものの（『室蘭毎日新聞』1927.4.1）、この計画は実現しなかったようだ。また、昭和8（1933）年にも、「土人協会、青年団、婦人会が合同で部落中央に考古館を建て、各戸に所有の器物や生産用具などを収納して展示しようと道庁に要望した。その後も地元議員を動かすなど運動に努めたが実現に至らなかった」という（白老町町史編さん委員会 1992b: 1283; 北海道庁 1935）。

88　白老漁協理事および白老町会議員としての山丸武雄の「終生の課題」は白老漁港の建設であり、選挙公約のたびに「幻の漁港」と陰口をたたかれながらも、中央政界に陳情するなど、漁港の建設に向けて尽力した。「ごく身近な人々は彼を『死ぬまで漁師だった』」と評していたという。（アイヌ文化振興・研究推進機構 2000: 79-80）。

89　昭和42（1967）年6月に、ポロトコタン内に町立の「白老民俗資料館」がオープンし、前章の森竹竹市が館長に就任する（白老民族文化伝承保存財団 1982a: 4）。

90　白老コタンの旧観光コタンで土産物店を営んでいた人たちは、当初ポロトコタンの入り口前に長屋風の売店を開いた。やがて白老観光商業協同組合を結成し、昭和50（1975）年7月に民芸会館をオープンさせた（新井田 2014; 田辺 1984: 41; 白老町町史編さん委員会 1992b: 27-28, 65）。母親が花木を販売していた新井田幹夫は、民芸会館の店の区画割はアイヌ関係者を優先したと記しているが（新井田 2014）、森竹竹市は「過去の実績」によって割り当てが決定され、「アイヌ達は過去の実績がないからと」小さな間口で、かつセセから離れたところに区画を割り当てられたと記している（森竹竹市研究会 2009: 28, 39）。

91　森竹竹市は、移転に際しては、宮本に多額の補償金が支払われ、住宅が新築されて

無償供与され、民芸会館もよい場所で大きな店舗を占有させたのに出て行ってしまい「驚き且つ呆れている」と憤慨している（森竹竹市研究会 2009: 28）。駅前で商店を営んでいた和人の田辺忍の説明によると、旧観光コタンにあった貝沢のチセは「難なく取り壊しが完了」したが、宮本のチセは取り壊しを待たされていた。その件について、もともと移設計画に賛同しない「魂胆があったことにほかならない」と怪しんでいる。残念ながら、宮本芳雄側の言い分を示す記録はみつからなかった。彼はそれから 1 年間ほど旧観光コタンで営業した後、病気で入院し、亡くなった（田辺 1984: 41）。結果的に、白老のアイヌ観光は再びポロトコタンに一本化された。

92　原文は、"fascinating visit to a real Ainu Village at Shiraoi, to see the ancient customs and culture of the famed hairy Ainu"（成田ほか編 1985: 312）。

93　このころは「アイヌモシリ支配」を批判しての左翼思想の事件が他にも起きている。昭和 51（1976）年の北海道庁爆破事件（『朝日新聞』1976.3.3）や昭和 52（1977）の東大法文 1 号館爆破事件（『朝日新聞』1977.5.4）など。

94　平成 22（2010）年時点、「理事長をはじめ役員職員の 7 割がアイヌ民族」だという（村木 2010: 28）。

95　「一つの博物館が『アイヌ民族』という名称を独占する」ことに関して、「よそのアイヌの人たち」に、白老の伝統的なアイヌ文化だけではなく、東北地方、サハリン、千島列島も視野に入れた総合的な博物館であることを説明し、「了解を得」たという（野本 2013: 51）。

96　平成 25（2013）年に法改正により「財団法人」から「一般財団法人」に名称変更（アイヌ民族博物館 2014: 21）。

97　ここでは、アイヌの人々の所属教団としての神官（あるいは宗教）機能を意味するものではない。教団への所属という意味では、アイヌの人々の仏教やキリスト教などへの所属比率は日本人全体とおおよそ合致しているという（小内 2012b: 98）。白老では、葬式は戦前まではアイヌプリで土葬をしていたが、戦後土葬ができなくなってから仏式でお寺さんを呼んでやるようになったという（山本 2010: 2）。

98　白老町役場地域振興課に尋ねたところ、厳密な歴史的解釈についてはわかりかねるが、日常の業務感覚として、現在「白老コタン」であったエリアに該当する地区区分はないとの回答であった（2017.2.9）。

99　協会発足に際し、昭和 19（1946）年 2 月 24 日、森久吉は理事、森竹竹市は常任幹事に就任（北海道ウタリ協会アイヌ史編集委員会 1990: 1007）。

100　昭和 19（1946）年 3 月 2 日登記の「社団法人北海道アイヌ協会定款」によると、支部はその支部の大小に応じて 1~3 名の代議員を設置し、その代議員が所属支部を代表して代議会に出席し議決権を行使すると定められている（第 12 条）（北海道ウタリ協会アイヌ史編集委員会 1990: 963）。昭和 36（1961）年時点でも支部数は全部で 28 ということなので、白老支部は早くから発足していたことがわかる。平成 29（2017）年現在地区アイヌ協会は 49 団体（北海道ウタリ協会アイヌ史編集委員会 1990: 950）。

101　多文化主義（multiculturalism）とは、『現代社会学事典』によると「国民社会の内部における文化的に多様な人々の存在を承認しつつ、それらが共生する公正な社会を

目指す理念・運動・政策」のことである（860）。奥野は、「アイヌ政策の在り方に関する有識者懇談会」報告書（アイヌ政策の在り方に関する有識者懇談会 2009）の議論について、「アイヌ民族」の集団の権利には言及せず、「アイヌの人々のアイデンティティを尊重するために、文化を尊重する政策を帰結する論理」であり「リベラリズムに立ちつつ多文化主義を主張する議論の到達点」（奥野 2011: 111）と指摘する。ちなみに、ここで「到達点」というのは必ずしも好ましい意味を込めているのではない。

102　民族アイデンティティのよりどころとしての博物館の役割は、アイヌ民族博物館を運営されている方たちの思いでもあるようだ。たとえば、野本館長はこれからできる象徴空間の意義として「心のより所となる空間」を挙げている。道外や海外に住むアイヌが「自分たちの先祖の文化を知ろう、学ぼうと思ったときに、学べる機関を整備しておく必要がある」と述べている（野本 2013: 56）。また村木専務理事も「アイヌ民族博物館は、重要な民族教育の場である」と位置付けている。本来であればアイヌ文化は家庭や学校や社会で学ぶものであるが、アイヌの場合はその機会がほとんどないことより、博物館がそれを提供するという意である（村木 2010: 29）。

103　当然のことながら、本書で紹介しきれなかったもっとたくさんの方々が連綿と白老における「アイヌ民族」の組織力に貢献されてきた。

終　章

1　白老における「アイヌ民族」の変容

　本書では、天覧・観光・閉幕・再生といった4種類のイオマンテと、それ
に関係の深い8人の主人公の個人的な経験や思いを通して、白老のローカ
ルなアイヌ・コミュニティと広域な「アイヌ民族」の明治以降の変質・変容
をみてきた。ローカルな白老コタンは、明治初期にはイオル共同体として存
在しており（第1章）、大正から昭和には生活共同体へと変質した（第2章）。
伝統的ムラ社会から、価値多元的な都市社会（第3章）への流れは、中間集
団としての村落共同体が衰退し、個人が直接的に国家に統合される、いわゆ
る一般的な社会の近代化と軌を一にする。アイヌだけが社会生活の基盤たる
濃密な地域社会を失ったのではなく、近代国家の形成にともない、世界中ど
こでも多かれ少なかれ地域社会は変質した。

　ところがアイヌの場合はその過程で、「日本国民」と並行して、「アイヌ民
族」という広域の共同体認識も育んだ。白老コタンの人というよりは「アイ
ヌ民族」という意識、白老コタンというよりは「アイヌ民族」を視野に入れ
た活動が、第3章から頻繁にみられるようになった。並行して、本書で「白
老のアイヌ・コミュニティ」と呼んでいた対象も、白老コタンという地域的
なまとまりから、「アイヌ民族」というテーマ上のまとまりを指すようになっ
ていった。

　このように「アイヌ民族」が指し示すものは、多数の地域共同体の総称か

ら、一つの広域な想像の共同体へと変容した。現在の「アイヌ民族」は、ア
イヌ内外の誰もが、自明の社会集団としてイメージ可能な想像の共同体であ
る。日本社会の近代化にともない、全構成員を全人格的に包摂・拘束するよ
うな村落共同体としてのアイヌ集団は消滅したが、それはアイヌ民族の消滅
や衰退（歴史の断絶）を意味するのではなく、「アイヌ民族」の変容（歴史の
連続）を意味するのである。このような言い方が許されるならば、「アイヌ
民族」の近代化である。現在の「アイヌ民族」はローカルな伝統的共同体か
ら自由になった個々人が部分的・選択的に準拠しうる近代的な共同体なので
ある。本書で辿ってきた白老における「アイヌ民族」の変容あるいは近代化
を、もう一度振り返ってみよう（表4）。

表4　白老のアイヌ・コミュニティとイオマンテの変遷

時代を象徴する イオマンテ		江戸末期・ 明治初期	天覧 1881 (M14)	観光 1932 (S7) あたり	閉幕 1960 (S35) あたり	再生 1989 (H1) 〜
地域 社会の 変化	人口比率 （アイヌ: 非アイヌ）	498:157 (M14 白老村)		860:5,430 (S7 白老村)	不明	約 2,500:18,069 (H27 白老町)
	白老コタ ンの性質	イオル共同体の複合体		生活共同体	＞＞＞	＞＞＞
	政治機能 の系譜	コタンコロクル		白老土人協会	北海道アイヌ協会 白老支部	白老アイヌ協会 （改称）
イオマ ンテの 変化	神官機能 の系譜 （祭主）	コタンコロクル		観光酋長	伝統の実践者	＞＞＞ （博物館職員）
	祭祀の場	白老コタン	行在所	白老コタン	観光施設	博物館
	包摂する 範囲	イオル 共同体	—	親戚・近隣	コタンを越える 同胞	アイヌ民族
	主目的	イオルの 維持など	外交	ビジネス・チャンス 文化的機会	抑えきれない愛着	存在証明 統合
	交流の 対象	神	和人支配者	神	神＋「アイヌ民族」	＞＞＞

　江戸末期および明治初期の白老のアイヌ集団は、和人社会から独立した、
比較的自律的で閉鎖的な地域共同体であった。白老コタンはイオル共同体の
複合体のようなもので、コタンコロクルが政治機能（最高顧問）と神官機能
を有して集団を統率していたと思われる。それは全人格的に本質意思で結ば
れる、いわゆる村落共同体であり、個々人にとっては、自分が何者かという
問いを発する余地も必要性もおおよそない。そのような時代に生きる熊坂エ

カシテバと森サリキテにとって、アイヌとしてイオマンテを天覧に供することは、江戸時代から続く外交ツールの一環であり、民族性という意味においてそれほど深い意味は込められていなかったと思われる。これが、いわゆる近代的な社会変化の前のスナップショットであり、本書の出発点であった。

その後開拓政策が進み和人人口が激増すると、白老のアイヌ・コミュニティはもはや比較的自律的で閉鎖的な集団ではなく、和人優位な近代日本社会の一部となった。イオルは、法的にも物理的にもアイヌ集団内部の規律では管理できないものとなり、白老コタンはイオル共同体ではなく白老村に属する一つの生活共同体へと変容した。それにともない、コタンコロクルの政治機能は町内会様の別の組織に引き継がれた。そして経済的には、新しい和人優位社会において、個別に収入機会を模索しなくてはいけなかった。

そのような時代を生きた熊坂シタッピレと宮本イカシマトクは、イオマンテなどの民族資源をビジネス・チャンスと捉えた。狩猟や伝統文化に長けたコタンコロクルの末裔としての自信と誇りをもって、イオル共同体で育まれてきた伝統的なアイヌ文化を、観光ビジネスの文脈で活用したのである。

その頃若年層だった森竹竹市と貝沢藤蔵は、伝統的なアイヌ文化に固執し、かつそれを見世物にするそれら高年層を嫌った。この頃は白老コタンの中に激しいジェネレーションギャップがみられたのである。その理由は、単純に社会の近代化が進んだことに加え、アイヌの場合はその近代化が和人化と混同されていたこと、そして親世代が差別を嫌って意識的に子弟と共有する文化を取捨選択したことによる。このように、白老コタンは、コタン（村落共同体）という性質のものではなく、多様な価値をもつ人々が共同生活を営む近代的な都市空間へと変質していた。

集団としてではなく、個として和人優位の近代日本社会に属した最初の世代である森竹や貝沢は、ローカルな地域アイデンティティとは異なる、広域な想像上の共同体たる「アイヌ民族」に熱い帰属意識を形成した。この時代に、「アイヌ民族」が自己のアイデンティティの作用する場として強く意識され、その意味や帰属のあり方が深く吟味された。そして、若いときに「現

在のアイヌ」から距離を置いた森竹と貝沢は、晩年に「過去のアイヌ民族」の体現者として、自らアイヌ観光に身を投じ、イオマンテを実践するようになる。そして矛盾に満ちた同化主義思想のもと、「アイヌ民族」への愛着と誇りが強いからこそ、和人優位社会においてはいかようにも二流市民とみなされてしまう「現在のアイヌ」を終わらせることを選択した。

　森竹の世代が意図したように、野村義一がアイヌ協会理事長に就任した直後の昭和40年代後半、コタンコロクルの時代を彷彿させる伝統文化の継承はさらに縮小されていた。しかし、個々人の民族アイデンティティは存続していたし、アイヌを異なる社会集団とみなす日本社会の意識や処遇も強く残っていた（北海道 2013）。それが、同化主義によって実現可能な「平等」の限界だったのである。そのような同化主義を見直して多文化主義へ移行しようとする世界的な潮流の中で、白老でも「同族に課せられた急を要する」課題として（アイヌ民族博物館 1990a: 序）、イオマンテの復活が取り組まれた。そこで復活が目指されたのは、村落共同体としてのアイヌ・コミュニティではない。不本意なかたちで傷つけられてきた、伝統的アイヌ社会（イオル共同体）とのシンボリックな文化的連続性である。それはまた、「アイヌ民族」というカテゴリーに埋め込まれた不本意な内容物を、当事者主導で書き直す現代的な企てであった。

　以上本書では、白老を事例として「アイヌ民族」の歴史的変容の分析を試みた。「民族」を「世界に存在するもの（things in the world）」ではなく「世界についての見方（things on the world）」と捉えなおすことで、──伝統を参照するのではなく──その時々の「アイヌ民族」（「アイヌ民族」というカテゴリーで解釈されている現象）をありのままで「完全」なものと捉えなおした。その観点から、大きく二つのことが明らかになった。「アイヌ民族」というカテゴリーの絶え間ない存続とその発展である。明治以降一貫して、「アイヌ民族」というカテゴリーを用いてわれわれと彼らを分ける営みが途絶えることはなかった。さらに「アイヌ民族」は、近代に衰退や滅亡の道をたどっていったというよりも、むしろ大正から昭和にかけて想像の共同体として大

きく発展した。このように、近現代において「アイヌ民族」は衰退も滅亡も
しておらず（断絶的歴史観）、環境の変化にともなってその姿を脈々と変えて
きたことが明らかになった（連続的歴史観）。

　ローカルなアイヌ・コミュニティの変遷についていえば、アイヌ民族をめ
ぐる社会環境は地域ごとに異なるため、別の地域にはそれぞれの異なる物語
がある。イオルの喪失と同化政策、それらにともなう伝統文化の衰退や差別
の問題、そして民族意識の高まりといった大きな流れは他の地域でも同様に
みられるだろうが、搾取問題の深刻さや、交通の便による外部との接触機会
など、ローカルな多様性も多くみられる。ここで提示したアイヌ民族の歴史
は、ある程度の一般性を有するとともに、白老のローカルな物語である。ま
た、本書の歴史解釈は可能な限りエビデンスに基づくものではあるが、入手
可能な資料の限りで、筆者の問題関心に基づいて行ったものであり、唯一無
二の白老におけるアイヌ民族の歴史ではないことも確認しておきたい。

2　白老における「アイヌ民族」の未来

　最後に、白老におけるアイヌ民族の未来の話をしておきたい。冒頭で紹介
したように、現在白老町では、日本国の新しいアイヌ政策の「扇のかなめ」
（アイヌ政策のあり方に関する有識者懇談会 2009）と位置づけられる「民族共生の
象徴となる空間」事業が進行中である[104]。日本政府は、同化主義を廃し、異な
るものを異なるものとして扱う平等へと方針を転換し政策を進めている[105]。
その異なるものどうしが「共生」する新しい日本社会の象徴と位置づけられ
る空間（国立アイヌ民族博物館、国立民族共生公園、慰霊施設）が 2020 年を目標
年限としてポロトコタンの周辺に建設中というわけである。その国家政策は、
本書がみてきた白老におけるアイヌ民族の歴史に、どのような新しいスナッ
プショットを加えることになるだろうか。

　注目すべきは、第一に、今後この日本国の新しい取り組みの中で、白老の
アイヌ・コミュニティの歴史、とりわけ神官機能の系譜を受け継ぐアイヌ民

族博物館がどのような立場で、どのような役割を担うことになるのかということである。「『民族共生象徴空間』基本構想（改訂版）」によると、象徴空間の運営主体は公募で選ばれ、平成29（2017）年度に決定されることになっている[106]（アイヌ総合政策推進会議2016: 21）。異なる組織が選ばれたならもちろんのこと、たとえアイヌ民族博物館が選ばれたとしても、白老のアイヌ・コミュニティの神官機能の系譜は白老地域のローカルなものとしてではなく、より広い「アイヌ民族」を代表するようなかたちで引き継がれていくことになる。白老のアイヌ・コミュニティのローカルな歴史は、博物館の組織編成がどのようなものになろうとも、今後、国家規模の「アイヌ民族」に合流し拡大されていく。

　第二に、アイヌ民族博物館が国立施設となることで、イオマンテのように、これまで実施してきた伝統的な行事ができなくなることを懸念する声もある（辻本2013）。なぜそのような懸念が出るのかというと、大きな要因として、政策指針としての「共生」が指し示すものがそもそも限定的だからである。

　この象徴空間プロジェクトについては、「単なる野外博物館」（榎森2010: 31）や「博物館類似の公共工事」（吉田2011: 24）といった指摘もなされている。前章で紹介したように、現在のアイヌ政策の基礎となるアイヌ文化振興法は、野村儀一らが提示した「抜本的な」改革を目指す新法案のうちの「教育・文化」のみに対応するものであり、いわゆる先住権といわれるような領域には踏み込まれていない[107]。つまり、ここでの「共生」が指し示すものは、アイヌ民族（に帰属意識を持つ人々）とそれ以外の日本国民のあいだに価値観や利害の対立があったとしても、アイヌ民族が独自に決定できる領域を一定程度保障しましょうというたぐいの共生ではない。現状の日本の法律や日本社会の一般的な価値規範と衝突しない範囲内において、アイヌ民族の「文化的所産」の振興にかかる財政的・組織的なバックアップを保障しましょうというたぐいの共生である。

　すなわち、イオマンテのような文化的表現においても、アイヌ民族（に帰属意識を持つ人々）が独自に是非を決定できることが、直ちに保障されるも

のではない。先住民族の意向を尊重するという価値規範も含め、日本社会における様々な価値規範を反映させたうえでの、日本社会全体の合意が必要になる。イオマンテに対しては、前章でも見たように賛否両論が存在している。国レベルの合意を得ることは理論上今より難しくなるわけである[108]。しかも今後は、先述したように、白老のアイヌ・コミュニティの意向だけではなく、日本全国のローカルなアイヌ・コミュニティの意向や利害も取り入れる必要があるわけで、今よりも大きなことができる分、今ほど身軽ではなくなるというわけである[109]。

　このように、白老におけるアイヌ民族の歴史はいま大きな転換点にある。今後は、本書を手に取ってくださった読者の皆さんを含め日本国民すべてが、白老を拠点とする「民族の共生」という国家事業の当事者として、白老における「アイヌ民族」の未来にかかわっていくことになる。多くの人にとって好ましい、世界に誇れる「共生」を実現していきたい。

注

104　象徴空間事業の前に、白老町では、アイヌ文化振興・研究推進機構による通称「イオル再生事業」（実名：「アイヌの伝統的生活空間の再生事業」）が実施されていた。平成 14（2002）年に平取町と並んで、イオル再生事業の先行実施地域となり、平成 18（2006）年より具体的な取り組みが進められていた。平成 23（2011）年に、白老町が象徴空間事業の候補地となってからは、白老町で行われていたイオル再生事業は象徴空間事業の一部として継承・再編された。白老町が象徴空間事業の対象都市に正式に決定されたのは平成 26（2014）年である（アイヌ文化振興・研究推進機構 2007; アイヌ政策関係省庁連絡会議 2012）。

105　平成 21（2009）年有識者懇談会報告書において「多様な文化と民族の共生の尊重」が政策展開にあたっての基本的な理念として謳われた（アイヌ政策のあり方に関する有識者懇談会 2009）。

106　基本構想においては、いかなる運営主体が選ばれたとしても、「現在、白老町ポロト湖畔において、文化伝承活動、体験交流活動等を積極的に実施している（一財）アイヌ民族博物館については、同博物館の人材及び知見を象徴空間の管理運営に最大限活用する」との但し書きが付されている。なお報道によると、「白老・アイヌ民族博物館とアイヌ文化振興・研究推進機構（札幌）が統合して運営法人をつくることが現在想定されている」という（『室蘭民報』2016.6.1）。

107 　国際的に「先住民族の権利」の定義は定まっていない。国連宣言の採択に至る経緯をみてもわかるように（常本 2010）、先住民族をめぐる事情は様々であり、それぞれの状況を踏まえて各国がそれぞれに先住権に実態をあたえている。なお、平成 9（1997）年の同法成立時点ではまだ、日本政府はアイヌの先住性をまったく認めていなかった。文化振興法の下敷きとなった平成 8（1996）年有識者懇談会報告書の「我が国の実状にあった」アイヌ政策の見解に、先住権を回避する方針が以下のように示されている。「我が国からの分離・独立等政治的地位の決定に関わる自決権や、北海道の土地、資源等の返還、補償等にかかわる自決権という問題を、我が国におけるアイヌの人々に係る新たな施策の展開の基礎に置くことはできないものと考える」（ウタリ対策のあり方に関する有識者懇談会 1996: 6）。この「我が国の実状」をふまえ、「関係者の間にあるいわゆる『先住権』をめぐる様々な要望に、我が国として、具体的に答える道」（ウタリ対策のあり方に関する有識者懇談会 1996: 8）として構想されたのが「アイヌ文化振興法」であり、「民族共生の象徴となる空間」である。その後平成 19（2007）年に国連で「先住民の権利に関する国際連合宣言」が採択され、平成 20（2008）年国会両院にて「アイヌ民族を先住民族とすることを求める決議」が可決し、日本政府はアイヌの先住性を認めることを、求めていこうという意思を示す。ただし、先住権を回避するという基本的なスタンスには変更がないことが指摘されている（吉田 2011; 貝澤ほか編 2011）。日本政府は国連総会において国連宣言に賛成票を投じるにあたり土地に対する権利は制限されうることを明言した（United Nations 2007; 常本 2010: 195-198, 203-204）。土地の権利については、国連の規約人権委員会からも、日本政府がアイヌの「伝統的な土地や資源に対する権利…が認められていないことに関して懸念を改めて表明する」と、第 4 回（1998 年 11 月 19 日）、第 5 回（2008 年 10 月 30 日）に引き続き、第 6 回報告書に対する最終見解（2014 年 7 月 24 日）においても指摘されている（外務省 2014）。

108 　ただし、アイヌ民族が自己の文化を保持し実践する一定の権利、すなわち文化共有権を有しているという考え方は、現在国際的にも国内的にも確認されつつある。「国際人権規約」自由権規約の第 27 条、そして「先住民族の権利に関する国際連合宣言」第 11 条に文化共有権が明記されており、日本国はどちらにも批准している。国際条約はただちに法的拘束力をもつものではないが、無視できない行動規範としての影響力を有する。なお、平成 9（1997）年には二風谷ダム裁判の判決において、国際規約がアイヌの文化共有権を擁護する根拠として適用されている（札幌地判平 9.3.27 第一法規 DB）。

109 　イオマンテができなくなることを懸念していたのは、読売新聞の取材に対するおそらく村木美幸専務理事の回答である（辻本 2013）。なお、村木専務理事は「『民族共生の象徴となる空間』における博物館の整備・運営に関する調査検討委員会」のメンバーである。

付録　明治以降の白老のイオマンテ記録一覧

日程	祭主	主催	開催機会	概要	殺生	資料
明治14年9月3日	熊坂エカシテバ	開拓使、勇払郡、白老村	明治天皇の行幸	行在所となった和人の大沢周次郎宅で実施。アイヌの参加人数は資料によりばらつきがあり、40〜60名ほど。熊坂エカシテバ、森サリキテ、野本助六、上原シサノ、木村イカシラなど。	なし	白老村1923: 46-74; 白老町町史編さん委員会1992b: 7-21; 北海道庁1930: 62; 満岡1923: 252-254;『函館新聞』1881.9.17;『室蘭毎日新聞』1922.5.30, 6.2;『北海タイムス』1923.1.20
明治30年	不明	不明	飼い熊送り	敷生村（1月20日）および有珠村（1月17日）にて熊送りが行われたことを報道するとともに、白老村にも言及。「白老村の各土人も数十頭の熊を飼い◯ゆえ是れ亦近日中熊送りを施行するはずなり」と紹介されている。	あり	『北海道毎日新聞』1989.1.26
明治35〜36年頃	不明。熊坂エカシテバが関連の様子	おそらく上原家	人間を殺した熊を埋葬する儀式	熊猟の名人上原セパレの息子、ハリウスが熊猟のさいに犠牲となった。後日その熊を捜索し、カムイモシリに送らず、「迷い続ける」方法で埋葬した。	あり	藤村編1979b: 9-11
明治40年2月1日	おそらく森サリキテ	森家	飼い熊送り	妻スイサンを加害した荒熊を送る。白老小学校の西川先生、前田白老村戸長、井深郵便局長、小谷部博士など、白老コタンに関係の深い和人も招かれた。	あり	田畑・藤村1970: 107-110
明治40年8月	森サリキテ	おそらく白老村	伏見宮行幸	伏見宮来道の際、白老駅のプラットホームにて熊祭りを披露した。	不明	小川1997a: 298;『北海タイムス』1923.1.20

日程	祭主	主催	開催機会	概要	殺生	資料
大正2年	おそらくイカシバル	イカシバルの家	飼い熊送り	函館毎日新聞青森支局の記者が白老村を訪れ、西村戸長と「酋長」の森サリキテにコタンを案内される。その際、酋長の別家にあたるイカシバルの宅に二頭の子熊がいた。うち一頭が明春3歳で送られることが紹介されている。	あり	『函館毎日新聞』1912.9.19
大正2年1月13日	不明	不明	飼い熊送り＋大規模な招待	白老コタンには13〜4頭の飼い熊がおり、1月〜2月にかけてすべて熊祭りで送る。その第1回目。村役場裏空き地に祭壇を設け、地方人士を招待し、「白赤黒の三頭を殺す筈」とある。	あり	『北海タイムス』1913.1.21
大正2年1月19日	不明	不明	飼い熊送り	上記、大正2年度の熊祭り第2回目。	あり	『北海タイムス』1913.1.21
大正6年1月28日	宮本イカシマトク	宮本家	飼い熊送り＋大規模な観覧	午後1時開始、午後5時終了。近郷より多くの人出、「なかなか盛況なりし」とある。	不明	『小樽新聞』1917.1.31
大正6年9月17日	森サリキテ	おそらく北海道庁	紹介映像	翌年（大正7年）札幌で開催される開道50年記念博覧会において紹介される本道紹介のための活動写真の撮影。小学校にて森サリキテの指揮により9名程度が宮本セカチの飼い熊を送る真似をした。参加者には大枚な手当てが支給されたとある。	なし	『小樽新聞』1917.10.1
大正6年か7年	不明	大日本帝国政府鉄道院	紹介映像「Beautiful Japan」	海外向け日本紹介映像「Beautiful Japan」。大正政府が日本紹介のために米国人に撮影させた。イオマンテのシーンも収録された。	なし	Okada 1999; 岡田 1999; NHK 2015

日程	祭主	主催	開催機会	概要	殺生	資料
大正7年2月	不明	不明	飼い熊送り＋大規模な観覧	白老コタンの案内者が観光客に、翌年（大正7）2月のイオマンテ開催予定を紹介している。今年は熊が8頭も捕れたので、翌年のイオマンテは賑やかであろうと説明。	あり	『読売新聞』1917.8.25
大正9年9月1日	不明	おそらく村役場	法相一行を歓迎	大木法相、山田秘書官、酒井伯爵などの一行が白老コタンを訪問。酋長の森サリキテ、副酋長格の上原勝次および熊取名人の宮本イカシマトクが盛装で出迎えたとある。小学校の校庭で熊祭が行われた。法相は酋長に金一封をご祝儀として渡した。	不明	『小樽新聞』1920.9.5
大正12年12月	野村エカシトク	北海道庁社会課	紹介映像	社会事業の紹介。野村宅を背景に儀式の型を撮影。高橋病院長と竹内村書記の案内。	なし	『北海タイムス』1923.12.1, 1924.1.15
大正13年2月24日	宮本イカシマトク	白老村	胆振教育研究大会の歓迎行事	胆振教育研究大会最終日に、集まった先生方を歓待するための企画。村長が村人から醵金を募り、白老コタンの中央で大規模に開催。道庁高官等々多くの来賓を招待し、観衆は2000〜3000人との記述がある。満岡郵便局長が説明。森久吉が踊りを指揮。	あり	『北海タイムス』1924.2.20, 2.27;『室蘭毎日新聞』1924.2.27
大正14年2月8日	宮本イカシマトク	宮本家	飼い熊送り＋一般観覧	道庁の禁止通達をうけ、「白老古潭の最後の熊祭」と報じられている。観衆約400人。	あり	『室蘭毎日新聞』1925.2.8, 2.10
大正14年12月12日	熊坂エカシテバ	八田三郎（太平洋学術協会）	紹介映像	学術的記録「白老コタンのアイヌ生活の活動写真」。熊坂宅で撮影。八田博士が汎太平洋学会で紹介するための映画製作。道庁社会課、白老村長、満岡郵便局長、高橋病院長らが協力。アイヌは男女合わせて30名が出演。宮本イカシマトクが屋根の上からクルミを撒く役で登場。	あり	八田1925, 1926;『北海タイムス』1925.12.13;『室蘭毎日新聞』1925.12.14;大須賀2000: 148

日程	祭主	主催	開催機会	概要	殺生	資料
大正15年2月1日	不明	木村家	飼い熊送り＋一般観覧	木村家が前年の春に捕獲した熊を送った。「大勢の見物人に囲まれ…神の国へと送られた」とある。	あり	『小樽新聞』1926.2.4
大正15年2月7日	宮本イカシマトク	宮本家	飼い熊送り＋おそらく一般観覧	大正15年、白老コタンに飼育されている熊は二頭。一頭は2月1日に木村家で送られ、もう一頭は2月7日宮本イカシマトク方にて送られる予定とある。	あり	『小樽新聞』1926.2.4
大正15年8月13日	おそらく森久吉	不明	博覧会	札幌で行われた国産振興博覧会における催し。森久吉が一行を引率。当日は野本イタカシノの司会で熊祭りが始まる。喜田貞吉博士や清浦奎吾子爵も観覧している。仔熊は平取のもので、お開きの後「殺されずに檻の中でハジャギ回っていた」とある。	なし	『北海タイムス』1926.8.13, 8.14
昭和3年9月17, 18日	熊坂シタッピレ	室蘭毎日新聞社	共進会	本社主催の共進会にて、熊坂酋長、熊坂ハンボ以下老のアイヌ30名が室蘭に招聘され、熊祭りの儀式を公開。折り悪く飼い子熊がいないので型のみとある。佐藤村長と満岡郵便局長の幹旋。	なし	『室蘭毎日新聞』1928.9.17, 19
昭和3年11月	森久吉	神戸市出品協会	神戸：御大礼記念博覧会（詐欺被害）	某社会事業家と契約し、森久吉、母スイサン、旭川近文のアイヌなど、16名と熊一匹が神戸まで出向くも、興行詐欺。旅費も宿賃も無く、窮地に陥る。	不明	竹内2008：10-11；『室蘭毎日新聞』1928.12.23
昭和3年11月	森久吉	大阪毎日新聞社活動写真班	大阪：撮影等（詐欺被害の救済策）	喜田貞吉らの計らいで実現。大阪毎日新聞にて熊祭りや舞踊を写真に収め、京都放送局で俚謡を放送し、そのほか神戸出品協会などから寄付を受けるなどして、京都滞在費と北海道へ戻る旅費を得る。	不明	竹内2008：10-11

日程	祭主	主催	開催機会	概要	殺生	資料
昭和5年1月26日	宮本イカシマトク	宮本家	飼い熊送り＋一般観覧	一般観覧の便宜を図り日曜に決行。前年3月に小樽の山奥から持ち帰った子熊2頭を同時に送る。宮本は、沙流、社台、敷生、足寄、室蘭、幌別などに住むのアイヌに案内状を送ったとある。日没を待ち踊りを観覧に供する。	あり	『室蘭毎日新聞』1930.1.10, 26
昭和6年1月18日	熊坂シタッピレ	熊坂家	飼い熊送り＋一般観覧	前年の宮本家のイオマンテに引き続き、日曜日に実施。前年度の観覧者の殺到による不便を受けて、招待券制による場内整理を行うと記されている。招待券は駅前の田邉商店で贈呈し、それをもたないものは入場を断るとある。	不明	『室蘭毎日新聞』1931.1.17, 18
昭和7年1月8-10日	宮本イカシマトク	宮本家	飼い熊送り＋一般観覧	宮本宅で実施。多くの写真や記述が残っている。河野広道と高倉新一郎が満岡郵便局長の招待で観覧。	あり	木下1988: 22-28; 青柳編1982: 65-95; 河野アイヌ民族博物館1990a: 緒言
昭和7年1月9-11日	熊坂シタッピレ	熊坂家	飼い熊送り＋一般観覧	熊坂宅で実施。他同上。	あり	木下1988: 22-28; 青柳編1982: 65-95; 河野1950: アイヌ民族博物館1990a: 緒言
昭和7年3月27日	おそらく登別のアイヌ	平取出身登別在住の平村君	おそらく飼い熊送り＋一般観覧	登別在住、平取出身の「平村君」が登別にて熊祭りを開催するとの予告記事。白老からアイヌ十余名が応援。湯治客と遠来の見物者が見込まれている。	不明	『室蘭毎日新聞』1932.3.26
昭和9年8月30, 31日	不明	室蘭市	連合艦隊の室蘭港入港	室蘭市の武揚小学校校庭で実施。白老のアイヌ30名が出演。30日の午前、31日の午前と午後にそれぞれ1時間ずつ。	なし	『北海タイムス』1934.8.30; 『小樽新聞』1934.8.24, 31, 9.1

日程	祭主	主催	開催機会	概要	殺生	資料
昭和9年9月6日	不明	貝沢家	飼い熊の衰弱にともなう熊送り＋一般観覧	前月の室蘭における連合艦隊入港歓迎イベントに使用した貝沢藤蔵の飼い熊が「すっかり披露し」て動けなくなり、死亡宣告を受けた。貝沢藤蔵宅にて午後6時より午後7時まで熊祭りが行われた。「にはかの催しなるも観覧の者場に満ち」とある。	不明	『室蘭毎日新聞』1934.9.11
昭和10年9月18, 19日	n/a	室蘭市	艦隊の室蘭入港（取止め）	艦隊入港に際して歓迎のために企画され、白老村長に斡旋が依頼されていた熊祭りが、後日取りやめとなった。	n/a	『室蘭毎日新聞』1935.9.5, 17
昭和12年1月5日	宮本イカシマトク	宮本家	飼い熊送り＋一般観覧	子熊二頭を送る。観衆約500名。	あり	『室蘭毎日新聞』1936.12.5, 1937.1.7, 9
昭和12年5月	n/a	幌別村の中村村会議員	登別温泉の観光イベント	登別温泉において、来遊者がわざわざ白老までアイヌ見物に行く不便を解消すべく「アイヌの家」の建設を計画。森久吉が設備を指導し、「熊祭りをも統開する」とある。	n/a	『室蘭毎日新聞』1937.5.28
昭和12年7月25日	不明	アイヌ犬保存会	札幌市電波局十周年記念行事	白老コタン（40名）と千歳コタンの（20名）の男女が豊平川にて熊祭りを披露。20分間全国放送。熊は三越屋上の飼熊を用いる予定だったが運搬中に急死。急きょ千歳村から6か月の仔熊を連れてきた。迫力にかけていること、おびえた子熊をすぐに引っ込めてしまったことなど批判もあるが、「〔札幌〕市として初めての興味深き催しであった」とある。	なし	『小樽新聞』1937.7.25；『北海タイムス』1937.7.24, 25
昭和20年	宮本イカシマトク	宮本家	飼い熊送り＋一般観覧	宮本イカシマトクが、白老にて個人でイオマンテを実施していた最後の人物。昭和20年頃まで。	あり	大須賀2000: 146

日程	祭主	主催	開催機会	概要	殺生	資料
昭和21年7月29日	宮本イカシマトク	おそらく白老村	北海道全地区米国進駐軍司令官ジョセフ・スイング少将の白老部落視察	GHQスイング少佐夫妻の依頼による。敗戦を悔しがっていた宮本イカシマトクは不本意であったが、仕方なく応じた。急きょ山へ熊狩りに行き、コタンの男女約30名を集めて実施。	不明	高橋1971:161;アイヌ新聞社1946:263;白老楽しく・やさしいアイヌ語教室2013:13-14
昭和25年4月29日-5月2日	宮本イカシマトク	石川県七尾市和倉温泉観光協会	石川県の温泉地での興行	和倉温泉の加賀屋旅館に招かれて、宮本家「一族郎党」が熊の子を連れて興行に出かける。首を絞める棒は飛行機に乗せられないため、現地の電柱を使った。イオマンテを見た大勢の観客は「吃驚」したとある。	不明	白老楽しく・やさしいアイヌ語教室2013:15-16
昭和30年9月	宮本イカシマトク	白老町	町制施行記念行事	白老町役場横の保育園の広場にて実施。「コタンをあげて実施した最後のイオマンテ」。観光従事者以外のコタンの人々も参加。	あり	木下1988:98-100;白老楽しく・やさしいアイヌ語教室2013:13;アイヌ民族博物館1990a:緒言
昭和30年9月	不明	貝沢家	飼い熊送り	河野広道の調査記録の中に「貝沢藤蔵翁家でのヒグマの霊送りに参加する」とある。同年同月に実施された町制施行記念行事と同じものかもしれない。	不明	河野広道博士没後二十年記念論文集刊行会1984:41
昭和36〜38年の間	おそらく森竹竹市	昭和新山アイヌ記念館	アイヌ記念館の催し	森竹竹市が昭和新山アイヌ記念館の館長をしていた時に何度かイオマンテを実施している。同館は観光用に建てられたものであり、イオマンテには毎年旭川から7〜8人の男女が来て熱心にやっていたという。	あり	山本2010:10, 19, 20;更科・掛川1968;横山編1995a:98-99

日程	祭主	主催	開催機会	概要	殺生	資料
昭和38年頃	不明	ポロトアイヌ記念館	記念館の催し＋スケート大会とタイアップ	森竹竹市と浜弥一郎らがポロト湖西岸ではじめた新しい観光コタン（ポロトアイヌ記念館）にてイオマンテ。おそらく、スケート大会とタイアップ。	不明	木下 1988: 102-104; 森竹竹市研究会 2009; 白老民族文化伝承保存財団 1982a: 4
昭和39年9月13日	不明	白老町	町制施行10周年記念行事	白老町の記念行事として、14:00からポロト湖畔で熊祭り。	不明	白老町町史編さん委員会 1992a: 798-799
昭和44年7月27日	不明	白老どさんこ祭り実行委員会、白老町、白老町観光協会	町制施行15周年、第1回白老どさんこ祭り	初めての全町観光祭りにおける催し物の一つ「イオマンテ」。ポロト湖畔にて午後5時から。仔熊を引き回す写真が新聞記事に掲載されている。「観光客の入り込みはかつてないほど」だったとある。	不明	白老町町史編さん委員会 1992b: 35;『北海道新聞』1969.7.26;『室蘭民報』1969.7.25, 28
昭和52年2月6日	栃木政吉（千歳）	白老町観光協会、白老民俗文化伝承保存財団、白老観光商業協同組合	第1回白老どさんこ冬祭り、伝承保存事業	第一回白老どさんこ冬祭りの催し物の一つ「イオマンテ公開行事」。会場ポロト湖畔、13:00〜16:00。目玉の呼び物であり、道内のウタリも駆け付けた。祭り全体で約45,000人の見物客を集めた。このイオマンテは、アイヌ民族博物館の前身である白老民俗文化伝承保存財団による伝承保存事業の第一回目に相当するものと思われる。	不明	白老町町史編さん委員会 1992b: 47;『北海道新聞』1977.2.5, 7;『北海タイムス』1977.2.5;『室蘭新聞』1977.2.7; アイヌ民族博物館 2014: 50, 1990a: 緒言
昭和53年2月	栃木政吉（千歳）	白老民族文化伝承保存財団	伝承保存事業	不明	不明	アイヌ民族博物館 2014: 50
昭和55年2月	栃木政吉（千歳）	白老民族文化伝承保存財団	伝承保存事業	不明	不明	アイヌ民族博物館 2014: 50
平成元年1月23-26日	日川善次郎（弟子屈）	白老民族文化伝承保存財団	白老流のイオマンテの復元①	白老流のイオマンテの復元をめざす第一段階。他地域から祭主を招き、若い職員がイオマンテを経験することに主眼が置かれる。観覧者は制限。	あり	アイヌ民族博物館 1990a; 佐々木 1992:153-155

日程	祭主	主催	開催機会	概要	殺生	資料
平成2年2月19-22日	日川善次郎（弟子屈）	白老民族文化伝承保存財団	白老流のイオマンテの復元②	白老流のイオマンテの復元をめざす第二段階。カムイノミだけは他地域の祭主にお願いするが、儀式の細部は白老流を適用。	あり	アイヌ民族博物館1991,1990b; アイヌ無形文化伝承保存会1990; 小川1997a:253-256
平成6年3月2-7日	橋根義春	アイヌ民族博物館	白老流のイオマンテの復元③	白老流のイオマンテの復元をめざす第三段階。アイヌ民族博物館の伝承課職員を中心として実施。	あり	アイヌ民族博物館1994;『朝日新聞』1994.3.4; アイヌ文化振興・研究推進機構2010; Akino 1999
平成8年3月25日	橋根義春	アイヌ民族博物館	伝承保存事業	詳細不明。	不明	アイヌ民族博物館2014: 50
平成11年6月13-15日	山丸郁夫	アイヌ民族博物館	伝承保存事業	6月初旬、博物館が飼養していたクマが老死。この熊の霊を「山で獲ったクマをコタンに持ち帰っての送り」の形態で送る。博物館はこれまで仔グマ飼養型の霊送りを7回実施しているが、今回の型は初めての経験。「儀礼自体は比較的にスムーズに進行」。	n/a	秋野1999
平成21年1月16-19	山丸郁夫	アイヌ民族博物館	伝承保存事業	30年間を博物館で過ごした「タロー」が平成20年12月28日老死。現在の職員の「誰よりも長くこの博物館に暮らしたタロー」に礼を尽くして白老流のイオマンテで送る。	n/a	村木2009

参考文献

Akino, Shigeki, 1999, "Spirit-Sending Ceremonies," William W. Fitzhugh and Chisato O. Dubreuil eds, *Ainu: Spirit of a Northern People*, Washington, D.C.: Arctic Studies Center, National Museum of Natural History, Smithsonian Institution, 248-255.

Anderson, Benedict, 1983, *Imagined Communities.* (=1997, 白石さや・白石隆訳『想像の共同体——ナショナリズムの起源と流行 増補版』NTT 出版.)

Barth, Frederik, 1969, "Introduction," *Ethnic Groups and Boundaries*, Prospect Heights, Illinois: Waveland Press.

Brubaker, Rogers, 2002, "Ethnicity without groups," *European Journal of Sociology*, 43 (2): 163-189.

Brubaker, Rogers, Mara Loveman, and Peter Stamatov, 2004a, "Ethnicity as cognition," *Theory and Society*, 33 (1): 31-64.

———, 2004b, "Ethnicity as cognition," *Theory and Society*, 33 (1): 31-64. (=2016, 佐藤成基・髙橋誠一・岩城邦義・吉田公記訳,「認知としてのエスニシティ」『グローバル化する世界と「帰属の政治」——移民・シティズンシップ・国民国家』明石書店, 235-276.)

Hallowell, Irving, 1926, "Bear Ceremonialism in the Northern Hemisphere," *American Anthropologist*, 28 (1): 1-175.

Howell, David L., 1999, "the Ainu and the Early Modern Japanese State, 1600-1868," William W. Fitzhugh and Chisato O. Dubreuil eds, *Ainu: Spirit of a Northern People*, Washington, D.C.: Arctic Studies Center, National Museum of Natural History, Smithsonian Institution, 96-101.

Kindaichi, Kyosuke, 1941, *Ainu Life and Legends,* Tourist Library 36, Tokyo: Board of Tourist Industry.

Krech III, Shepard, 1999, *The Ecological Indian: Myth and History*, New York: W. W. Norton & Company.

NHK, 2015,「大正時代の北海道・白老町のアイヌ集落」『NHK 映像マップ みちしる』(2015 年 6 月 24 日 取 得, http://cgi2.nhk.or.jp/michi/cgi/detail.cgi?dasID=D000 4390018_00000).

Okada, Kazuo, 1999, "The Ainu in Ethnographic Films," William W. Fitzhugh and Chisato O. Dubreuil eds, *Ainu: Spirit of a Northern People*, Washington, D.C.: Arctic Studies Center, National Museum of Natural History, Smithsonian Institution, 187-191.

Said, Edward W., 1978, *Orientalism,* New York: Vintage Books.

Siddle, Richard, 1999, "From Assimilation to Indigenous Rights: Ainu Resistance Since 1869," William W. Fitzhugh and Chisato O. Dubreuil eds, *Ainu: Spirit of a Northern*

People, Washington, D.C.: Arctic Studies Center, National Museum of Natural History, Smithsonian Institution, 108-115.

Taylor, Charles, 1994, "The Politics of Recognition," Amy Gutmann ed. *Multiculturalism: Examining the Politics of Recognition*, Princeton: Princeton University Press: 25-73.

United Nations, 2007, "General Assembly Adopts Declaration on Rights of Indigenous Peoples; 'Major Step Forward' towards Human Rights for All, Says President," *United Nations Press Release* 13 September 2007, (2015 年 2 月 17 日取得, http://www.un.org/press/en/2007/ga10612.doc.htm).

─────, 2013, "United Nations Declaration on the Rights of Indigenous Peoples General Assembly resolution 61/295, New York, 13 September 2007" historical archives, Codification Division, Office of Legal Affairs, (2015 年 5 月 30 日取得, http://legal.un.org/avl/ha/ga_61-295/ga_61-295.html).

アイヌ新聞社, 1946,『アイヌ新聞 第八号』.（再録：小川正人・山田伸一編, 1998,『アイヌ民族 近代の記録』草風館, 262-264.）

アイヌ政策関係省庁連絡会議, 2012,「『民族共生の象徴となる空間』基本構想」.

アイヌ政策推進会議, 2011,「『北海道外アイヌの生活実態調査』作業部会報告書」（2016 年 10 月 27 日取得, http://www.kantei.go.jp/jp/singi/ainusuishin/dai3/siryou3_3.pdf）.

─────, 2012, アイヌ政策推進会議ホームページ,（2015 年 2 月 24 日取得, http://www.kantei.go.jp/jp/singi/ainusuishin/index.html）.

アイヌ政策のあり方に関する有識者懇談会, 2009,「アイヌ政策のあり方に関する有識者懇談会報告書」.

アイヌ総合政策推進会議, 2016,「『民族共生象徴空間』基本構想（改定版）」.

アイヌ文化振興・研究推進機構, 2000,『アイヌ民族に関する指導資料』.

─────, 2007,「アイヌの伝統的生活空間の再生事業の中期的展開方針に関する報告書」アイヌ文化振興・研究推進機構 アイヌの伝統的生活空間の再生事業検討会議.

─────, 2010,『アイヌ生活文化再現マニュアル 11　イオマンテ 熊の霊送り 儀礼編』.

アイヌ文化振興等施策推進会議, 2005,「アイヌの伝統的生活空間の再生に関する基本構想」.

アイヌ文化保存対策協議会, 1970,『アイヌ民族誌』第一法規出版.

アイヌ民族博物館, 1990a,『イヨマンテ - 熊の霊送り - 報告書──日川善次郎翁の伝承にもとづく実施報告』（再録：アイヌ民族博物館ホームページ, 2012 年 12 月 15 日取得, http://www.ainu-museum.or.jp/nyumon/iyomante/iy01_jo.html）.

─────, 1990b,「平成元年実施のイオマンテについて」『アイヌ民族博物館だより』20: 2-3.

─────, 1991,『イヨマンテ - 熊の霊送り - 報告書 2』

─────, 1994,「イヨマンテ──クマの霊送り」『アイヌ民族博物館だより』27: 1-3.

─────, 1996,『二十年の歩み──財団法人設立 20 周年記念誌』.

─────, 2000,「イヨマンテ 89 報告書」,（2000 年 10 月 27 日取得, www.ainu-museum.or.jp/iyomante/index.html）.

─────, 2014,「一般財団法人アイヌ民族博物館概要」.

———, 2015,『アイヌと自然デジタル図鑑』,（2015 年 7 月 10 日取得 , http://www.ainu-museum.or.jp/siror/denshosha/?denshosha_id＝D017）.

アイヌ民族文化研究センター , 1999,『ポン カンピソシ アイヌ文化紹介小冊子 5　イノミ祈る』.

アイヌ無形文化伝承保存会 , 1990,「熊送りの儀式——白老地方」『アイヌ文化』15: 1-4.

青柳信克編 , 1982,『河野広道ノート 民族誌篇 1（イオマンテ・イナウ篇）』北海道出版企画センター .

秋野茂樹 , 1999,「アイヌの霊送り——アイヌ民族博物館が平成 11 年に実施したクマの霊送り」『アイヌ民族博物館だより』42: 1-5.

———, 2006,「江戸期におけるアイヌの霊送り儀礼——和人が記した記録からその様相を見る」『環太平洋・アイヌ文化研究』5: 1-26.

アヌタリアイヌ刊行会 , 1974,「四十年前にアイヌ新聞を計画」『アヌタリアイヌ』6・7 合併号 .

天野哲也 , 1990,「クマの胆考——クマ送りとの関連で」『古代文化』42 (10): 26-35.

池田貴夫 , 2007,「クマ祭り（飼育を伴うクマの霊送り）の研究——民族文化情報とその表現をめぐる諸問題」名古屋大学大学院人間情報学研究科博士論文 .

泉靖一 , 1952,「沙流アイヌの地縁集團における IWOR」『季刊民族學研究』16 (3-4): 213-229.

市毛幹幸 , 2007,「書評論文 榎森進著『アイヌ民族の歴史』」『弘前大学国史研究』123: 51-60.

犬飼哲夫・名取武光 , 1939,「イオマンテ（アイヌの熊祭）の文化的意義とその形式 (1)」『北方文化研究報告』2: 237-271.

上山浩次郎 , 2014,「アイヌ・アイデンティティのパターンと分化要因」北海道大学アイヌ・先住民研究センター『現代アイヌの生活と意識の多様性——2008 年北海道アイヌ民族生活実態調査再分析報告書（その 3)』, 91-123.

ウタリ対策のあり方に関する有識者懇談会 , 1996,「ウタリ対策のあり方に関する有識者懇談会報告書」.

宇田川洋 , 1989,『イオマンテの考古学』東京大学出版会 .

内田順子 , 2015,「アイヌ文化の伝承のありかたと観光——白老と二風谷の場合」『国立歴史民俗博物館研究報告』193: 75-94.

『エカシとフチ』編集委員会 , 1983,『エカシとフチ 資料編』札幌テレビ放送 .

榎森進 , 2000,「アイヌ民族の村落」木村・林編『地方史研究の新方法』八木書店 , 70-71.

———, 2007,『アイヌ民族の歴史』草風館 .

———, 2009,「歴史からみたアイヌ民族——小林よしのり氏の「アイヌ民族」否定論を批判する」『部落解放』620: 20-24.（再録：岡和田晃・マーク・ウィンチェスター , 2015,『アイヌ民族否定論に抗する』河出書房新社 , 39-44.）

———, 2010,「これからのアイヌ史研究にむけて」北海道大学アイヌ・先住民研究センター『アイヌ研究の現在と未来』北海道大学出版会 , 20-58.

大須賀るえ子 , 2000,「白老のアイヌ語を追う」アイヌ文化振興・研究推進機構『平成 12 年度普及啓発セミナー報告』, 144-149,（2015 年 7 月 17 日取得 , http://www.frpac.or.jp/about/details/post-129.html）.

―――, 2010,「先祖の言葉をさぐって」『日本オーラル・ヒストリー研究』6: 11-14.

太田好信, 1993,「文化の客体化――観光をとおした文化とアイデンティティの創造」『民族學研究』57（4）: 383-410.

大塚和義・吉田憲司編, 2003,「『再生する先住民文化――先住民族と博物館』報告書――アイヌ文化振興法制定 5 周年記念フォーラム」国立民族学博物館.

大西雅之・落合周次・高堂理・西川健・村木美幸・本田優子, 2012,「座談会 アイヌ文化で広がる北海道の観光――多文化共生で魅力ある北海道へ」北海道開発協会『開発こうほう』592: 8-19.

岡田正子, 1999,「大正時代に撮られた日本紹介映画『BEAUTIFUL JAPAN』」『謎の映画人ベンジャミン・ブロツキーと未完の大作　美しき日本、Beautiful Japan の研究 by 岡田正子』,（2015 年 6 月 24 日取得, http://tokyocinema.net/BJ01.htm）.

岡和田晃・マーク・ウィンチェスター, 2015,『アイヌ民族否定論に抗する』河出書房新社.

小川正人, 1997a,「イオマンテの近代史」札幌学院大学人文学部『アイヌ文化の現在』, 241-304.

―――, 1997b,『近代アイヌ教育制度史研究』北海道大学出版会.

小川正人・山田伸一編, 1998,『アイヌ民族近代の記録』草風館.

奥野恒久, 2011,「多文化主義と民主主義論」貝澤耕一・丸山博・松名隆・奥野恒久編『アイヌ民族の復権――先住民則と築く新たな社会』法律文化社, 100-121.

小内透編, 2012a,『現代アイヌの生活と意識――2008 年北海道アイヌ民族生活実態調査報告書』（その 1）北海道大学アイヌ・先住民研究センター.

―――, 2012b,『現代アイヌの生活の歩みと意識の変容――2009 年北海道アイヌ民族生活実態調査報告書』（その 2）北海道大学アイヌ・先住民研究センター.

―――, 2014,『現代アイヌの生活と意識の多様性――2008 年北海道アイヌ民族生活実態調査再分析報告書』（その 3）北海道大学アイヌ・先住民研究センター.

―――, 2015,『地域住民のアイヌ政策への評価とアイヌの人々との社会関係――札幌市とむかわ町を対象にして――2014 年アイヌ民族多住地域住民調査報告書』（その 4）北海道大学アイヌ・先住民研究センター.

貝澤耕一, 2011,「二風谷に生まれて」貝澤耕一・丸山博・松名隆・奥野恒久編『アイヌ民族の復権――先住民族と築く新たな社会』法律文化社, 2-11.

貝澤耕一・丸山博・松名隆・奥野恒久編, 2011,『アイヌ民族の復権――先住民族と築く新たな社会』法律文化社.

貝沢藤蔵, 1931,『アイヌの叫び』「アイヌの叫び」刊行会.（再録：小川正人・山田伸一編, 1998,『アイヌ民族 近代の記録』草風館, 373-389.）

外務省, 2014,「国連人権規約」外務省ホームページ（2015 年 2 月 22 日取得, http://www.mofa.go.jp/mofaj/gaiko/kiyaku/）.

掛川源一郎, 1977,「コタンの老詩人・森竹さんを偲んで」北海道文化財保護協会『北海道の文化』38: 6-8.

―――, 2004,『gen――掛川源一郎が見た戦後北海道』北海道新聞社.

門崎允昭・犬飼哲夫, 2000,『ヒグマ 増補改定版』北海道新聞社.

喜多章明, 1930,「アイヌ達よ、如何にして現代に處せんとするか？」喜多章明編『蝦夷の

光 創刊号』北海アイヌ協会, 4-8.（再録：北海道ウタリ協会, 1994,『アイヌ史 北海道
アイヌ協会北海道ウタリ協会活動史編』, 26-30.)

―――, 1948,「アイヌ政策の史的考察」北海道アイヌ協会『北の光』, 10-21.（再録：北海
道ウタリ協会, 1994,『アイヌ史 北海道アイヌ協会北海道ウタリ協会活動史編』, 196-
207.)

金井紫雲, 1936,「白老」『花鳥研究』芸艸堂, 234-237.

金倉義慧, 2006,『旭川・アイヌ民族の近現代史』高文研 .

萱野茂, 1996,『萱野茂のアイヌ語辞典』三省堂 .

河合裸石, 1915,「白老のアイヌ古潭」『熊の嘯』求光閣書店, 319-327.

木名瀬高嗣, 1997,「表象と政治性――アイヌをめぐる文化人類学的言説に関する素描」『民
族學研究』62（1）: 1-21.

木下清蔵, 1988,『シラオイコタン――近代白老アイヌのあゆみ 木下清蔵遺作写真集』アイ
ヌ民族博物館 .

木村巴江, 不明,「アイヌ風俗熊祭ノ図」, 北海道大学北方関係資料総合目録,（2017
年 3 月 6 日 取 得, http://www2.lib.hokudai.ac.jp/cgi-bin/hoppodb/record.
cgi?id=0D023640000000000).

近代日本社会運動史人物大事典編集委員会, 1997a,『近代日本社会運動史人物大事典 1 あ～
お』日外アソシエーツ .

―――, 1997b,『近代日本社会運動史人物大事典 4 ひ～わ』日外アソシエーツ .

河野常吉編, 1984,「元室蘭・白老アイヌ」『アイヌ史資料集 第 2 期 第 7 巻 アイヌ聞取書
河野常吉資料編 1 ノ 1』北海道出版企画センター, 192-211.

河野広道, 1950,「熊祭」吉田一郎編『熊の話』観光社, 64-85.

河野広道博士没後二十年記念論文集刊行会, 1984,『河野広道博士没後二十年記念論文集』
北海道出版企画センター .

河野本道, 1996,『アイヌ史／概説――北海道島および同島周辺地域における古層文化の担
い手たちとその後裔』北海道出版企画センター .

―――, 1999,『「アイヌ」―その再認識――歴史人類学的考察』北海道出版企画センター .

榊原正文, 2008,「白老川本流流域のアイヌ語地名」『アイヌ語地名研究』11: 11-30.

佐久間学・羽深久夫, 2015,「鷹部屋福平『毛民青屋集』に基づいた 1940 年の白老村アイヌ
集落に見られた建築物の実態」『日本建築学会計画系論文集』80（707）: 167-175.

佐々木利和, 1990,「イオマンテ考――シャモによるアイヌ文化理解の考察」『歴史学研究』
613: 111-120.

―――, 1992,「イオマンテ攷――アイヌ史叙述の可能性をさぐる」網野善彦ほか編『大
系日本歴史と芸能――音と映像と文字による 第 14 巻（列島の神々）』平凡社, 146-
165.

札幌学院大学人文学部, 1997,『アイヌ文化の現在』.

佐藤成基, 2014,『国家の社会学』青弓社 .

佐藤孝雄, 2004,「熊送りの考古学」平成 15 年度普及啓発セミナー報告書, 財団法人アイヌ
文化振興・研究推進機構ホームページ,（2015 年 2 月 27 日取得, http://www.mofa.
go.jp/mofaj/gaiko/kiyaku/).

─────, 2010,「『アイヌ考古学』の歩みとこれから」北海道大学アイヌ・先住民研究セン
　　ター『アイヌ研究の現在と未来』北海道大学出版会, 72-93.
佐藤政憲, 1981,「推論・白老の歴史を訪ねて──序章　白老コタンの形成」『白老郷土文芸』
　　創刊号 : 102-109.
─────, 1982,「推論・白老の歴史を訪ねて──第二章　縄文時代の白老」『白老郷土文芸』
　　2: 108-114.
更科源蔵・掛川源一郎, 1968,『アイヌの四季』淡交新社.
白老楽しく・やさしいアイヌ語教室, 2013,『白老アイヌの研究 1（宮本イカシマトク・妻サ
　　キを中心に）』.
白老町, 2014a,「白老町 60 周年フォトアルバム（3）〜人口 2 万人超し成長〜」白老
　　町ホームページ,（2015 年 5 月 20 日取得, http://www.town.shiraoi.hokkaido.jp/
　　docs/2014092900047/）.
─────, 2014b,「白老町財政健全化プラン」.
─────, 2016,「白老町統計書（平成 28 年度）」.
─────, 2017,「町内のアイヌ関連団体」白老町ホームページ,（2017 年 1 月 30 日取得,
　　http://www.town.shiraoi.hokkaido.jp/docs/2013021300019/）.
白老町町史編さん委員会, 1992a,『新白老町史　上巻』.
─────, 1992b,『新白老町史　下巻』.
白老町町内会連合会, 2012,『平成 24 年度　白老町町内会連合会概要』.
白老民族文化伝承保存財団, 1982a,『白老　ポロトコタン──白老民俗資料館報』2.
─────, 1982b,『白老　ポロトコタン──白老民俗資料館報』3.
─────, 1983,『白老　ポロトコタン──白老民俗資料館報』4.
白老村, 1923,『白老』, 国立国会図書館近代デジタルライブラリー,（2015 年 5 月 26 日取得,
　　http://dl.ndl.go.jp/info:ndljp/pid/925440）.
新藤慶, 2014,「伊達市におけるアイヌ民族・文化の位置づけと評価」北海道大学大学院教
　　育学研究院教育社会学研究室『「調査と社会理論」研究報告書』31: 145-164.
新谷行, 2015,『アイヌ民族抵抗史』河出書房新社.
菅原幸助, 1966,『現代のアイヌ──民族移動のロマン』現文社.
スティーブンス、ジョージナ, 2006,「国際人権規約と先住民族──アイヌ民族と自由権規
　　約を中心に」『北大法学研究科ジュニア・リサーチ・ジャーナル』12: 121-173.
盛山和夫, 2006,『リベラリズムとは何か──ロールズと正義の論理』勁草書房.
瀬川拓郎, 2007,『アイヌの歴史──海と宝のノマド』講談社.
高橋眞, 1971,「シラオイの二名人」林克己編『熊・クマ・羆』時事通信社, 160-162.
竹内渉, 2008,『森久吉研究ノート──森久吉研究報告書』.
竹内渉編, 2004,『野村義一と北海道ウタリ協会』草風館.
田辺忍, 1984,『白老　今昔物語』田辺眞正堂.
谷川健一編, 1972,『近代民衆の記録 5』新人物往来社.
田畑アキ・藤村久和, 1970,「白老アイヌの社会生活慣習について」『季刊人類学』1（4）:
　　100-120, 126.
玉蟲左太夫, 1992,『入北記──蝦夷地・樺太巡見日誌』北海道出版企画センター.

丹葉節郎, 1993,「ウソとデタラメのイオマンテ——我慢の後に晴舞台」松本成美編『久摺 第二集』釧路生活文化伝承保存研究会, 193-196.

知里幸恵, 1978,『アイヌ神謡集』岩波書店.

チン青年団, 1934,『ウタリ乃光り』15.(再録:小川正人・山田伸一編, 1998,『アイヌ民族 近代の記録』草風館, 163-167.)

辻本芳孝, 2013,「アイヌ復興へ『象徴空間』——初の国立施設建設 運営の主体性など課題」 『読売新聞』2013.10.9 朝刊, 文化面.

常本照樹, 2010,「『先住民族の権利に関する国際連合宣言』の採択とその意義」北海道大 学アイヌ・先住民研究センター『アイヌ研究の現在と未来』北海道大学出版会, 193- 210.

東京都, 1989,『東京在住ウタリ実態調査報告書』東京都企画審議室調査部.

動物虐待防止会, 2007,「北海道知事へ質問書簡(イヨマンテ禁止通達撤回について)」動 物虐待防止会ホームページ,(2013 年 5 月 21 日取得, http://www.ne.jp/asahi/gpca/ tokyo/action/07_10_Iyomante.html).

中村齋, 2004,「イオル構想とアイヌ民族博物館」『アイヌ博物館だより』51: 4.

中村尚弘, 2009,『現代のアイヌ文化とは——二風谷アイヌ文化博物館の取り組み』東京図 書出版会.

中村康利, 2008,「現代アイヌ民族の貧困」『教育福祉研究』14: 15-25.

成田得平・花崎皋平・計良智子・計良光範・河野本道・田中美智子・猫宮さえ子・村山トミ・ 山田順三編, 1985,『近代化の中のアイヌ差別の構造』明石書店.

新井田幹夫, 2014,「アイヌ文化の伝承とわたし」『白老町広報』650: 1.

西浦宏己, 1997,『アイヌ、いまに生きる』新泉社.

日本民族学会研究倫理委員会, 1989,「アイヌ研究に関する日本民族学会研究倫理委員会の 見解」『民族学研究』54 (1): 表紙 2.

野沢孝治, 1968,『松前蝦夷地場所請負制度化の白老場所とアイヌ史』.

野村義一, 1996,『アイヌ民族を生きる』草風館.

野本正博, 1999,「アメリカ合衆国における『アイヌ展』の展示製作」『アイヌ民族博物館だ より』42: 6-7.

————, 2013「アイヌ観光と博物館」青木隆浩編『地域開発と文化資源』岩田書院, 35-64.

函館市, 1990,「猟虎膃肭獣猟法と遠洋漁業奨励法の制定」『函館市史』デジタル版,(2015 年 5 月 26 日取得, http://www.lib-hkd.jp/hensan/hakodateshishi/tsuusetsu_02/shishi_ 04-09/shishi_04-09-04-06-04.htm).

八田三郎, 1925,『北海道白老コタン アイヌの生活』札幌堀内商会.(復元:下中記念財団・ 東京シネマ新社, 1992,『アイヌ(東アジア、日本)北海道、白老村の生活』下中記念 財団 EC 日本アーカイブズ. オリジナル版所蔵:北海道大学植物園・博物館, 一般財 団法人アイヌ民族博物館)

————, 1926,「白老コタンのアイヌの生活(活動写真)」啓明会『啓明会第十八回講演集』, 42-51.

原田公久枝, 2011,「今、アイヌであることを語る」『学術の動向』16 (9): 88-91.

平村芳美・森竹竹市, 1973,「エカシフチを訪ねて④白老在住森竹竹市氏」『アヌタリアイヌ』4.

藤村久和 , 1985,『アイヌ、神々と生きる人々』福武書店 .

藤村久和編 , 1976,「民族調査ノート（3）白老地方の慣習」『北海道史研究』2: 1-9.

――― , 1977,「民族調査ノート（4）白老地方の慣習」『北海道史研究』12: 1-9.

――― , 1979a,「民族調査ノート（5）」『北海道史研究』18: 9-66.

――― , 1979b,「民族調査ノート（6）白老地方の慣習」『北海道史研究』20: 1-12.

北大院近代史ゼミ , 1993,「森竹竹市宛喜田貞吉書簡――史料紹介および共同研究 1929-34
　　年」地方史研究協議会『地方史研究』43（5）: 88-101.

北海道 , 1971,『新北海道史　第 3 巻　通説 2』.

――― , 2007,「『イヨマンテに関する質問書簡』に対する道庁からの返信」北海道環境
　　生活部 , 動物虐待防止会ホームページ , （2013 年 5 月 21 日取得 , http://www.ne.jp/
　　asahi/gpca/tokyo/action/07_12_Iyomante_henji.html）.

――― , 2013,「北海道アイヌ生活実態調査報告書」北海道環境生活部総務課アイヌ施策
　　推進グループ .

――― , 2015,『第 122 回（平成 27 年）北海道統計書』北海道総合政策部地方行政局統計課 .

北海道アイヌ協会 , 2016,「アイヌの生活実態」北海道アイヌ協会ホームページ , （2016 年
　　10 月 27 日取得 , https://www.ainu-assn.or.jp/ainupeople/life.html）.

北海道ウタリ協会 , 1994,『アイヌ史――北海道アイヌ協会・北海道ウタリ協会活動史編』.

北海道ウタリ協会アイヌ史編集委員会 , 1989,『アイヌ史　資料編 4――近現代資料（2）』
　　北海道ウタリ協会 .

――― , 1990,『アイヌ史　資料編 3――近現代資料（1）』北海道ウタリ協会 .

北海道ウタリ協会白老支部 , 1998,『白老支部の 50 年――白老支部設立 50 周年記念誌』.

北海道教育庁社会教育部文化課 , 1983,「アイヌ民俗文化財調査報告書（アイヌ民族調査Ⅱ）」
　　北海道教育委員会 .

北海道庁 , 1918,「旧土人に関する調査」北海道庁内務部 .（再録：小川正人・山田伸一編 ,
　　1998,『アイヌ民族 近代の記録』草風館 , 485-580.）

――― , 1930,『明治天皇御巡幸記』.

――― , 1935,「旧土人保護施設改善座談会」『北海道社会事業』42: 2-70.（再録：小川正人・
　　山田伸一編 , 1998,『アイヌ民族 近代の記録』草風館 , 282-347.）

本多勝一 , 1993,『先住民族アイヌの現在』朝日新聞社 .

松木覚 , 1978,『北に生きる武士団』白老町教育委員会 .

松本和良・江川直子 , 2001,『アイヌ民族とエスニシティの社会学』学文社 .

丸山博 , 2011a,「二風谷ダムの違法性とアイヌ文化」貝澤耕一・丸山博・松名隆・奥野恒久
　　編『アイヌ民族の復権――先住民族と築く新たな社会』法律文化社 , 53-73.

――― , 2011b,「先住民族の自決権と平取ダム計画」貝澤耕一・丸山博・松名隆・奥野恒
　　久編『アイヌ民族の復権――先住民族と築く新たな社会』法律文化社 , 122-146.

満岡伸一 , 1923,『アイヌの足跡』, 国立国会図書館近代デジタルライブラリー , （2015 年 5
　　月 25 日取得 , http://kindai.ndl.go.jp/info:ndljp/pid/926156）.

――― , 1987,『アイヌの足跡 第八版増補』アイヌ民族博物館 .

村木美幸 , 1998,「白老の子守唄をうたう」『アイヌ民族博物館だより』38: 2-3.

――― , 2009,「イオマンテ――飼いクマ「タロー」の送り儀礼」『コタンメール』40.

─────, 2010,「博物館活動と観光──アイヌ民族博物館の事例から」『北方民族文化シンポジウム報告書』24: 25-30.

森竹竹市, 1934a,「全道ウタリに諮る」.(再録:『レラコラチ 風のように──森竹竹市遺稿集』えぞや, 68-71.)

─────, 1934b,「ウタリーへの一考察」『北海道社会事業』28.(再録:小川正人・山田伸一編, 1998,『アイヌ民族 近代の記録』草風館, 400-402.)

─────, 1937,『原始林』白老ピリカ誌社.(再録:『レラコラチ 風のように──森竹竹市遺稿集』えぞや, 127-219.)

─────, 1948,「アイヌ民族の明確化」北海道アイヌ協会『北の光』, 26-27.(再録:北海道ウタリ協会, 1994,『アイヌ史 北海道アイヌ協会北海道ウタリ協会活動史編』, 212-213.)

─────, 1977,『レラコラチ 風のように──森竹竹市遺稿集』えぞや.

森竹竹市研究会, 2009,『評論──森竹竹市遺稿集』.

山崎シマ子・寮美千子, 2011,「アイヌ工芸作品展 2011/2/5 〜 8 ギャラリーまつもり」寮美千子ホームページ「ハルモニア」,(2015 年 3 月 2 日取得, http://ryomichico.net/bbs/review0012.html#review20110209173959).

山田伸一, 2011,『近代北海道とアイヌ民族──狩猟規制と土地問題』北海道大学出版会.

─────, 2012,「どんな研究がされてきたのか、どんな研究をしていくべきなのか(研究の現状と課題)」山田伸一・小川正人編『近現代アイヌ史研究の現状と課題』北海道開拓記念館, 1-20.

山本融定, 2005,「アイヌ民族の歴史──アイヌの詩人 森竹竹市を中心に」アイヌ文化振興研究推進機構『平成 17 年度普及啓発セミナー報告集』,(2013 年 9 月 2 日取得, http://www.frpac.or.jp/about/details/post-132.html).

─────, 2010,『好日日記 その 1 白老・北見・本別コタン』.

山森亮, 1998,「福祉国家の規範理論に向けて──再分配と承認」『大原社会問題研究所雑誌』473: 1-17.

横田愛, 2007,「イヨマンテ──52 年ぶり、禁止を撤回 アイヌ民族のクマ送り儀式、北海道が認める」『毎日新聞』2007.5.2 北海道朝刊, 社会面.

横山孝雄編, 1995a,『アイヌ民族写真・絵画集成 第 1 巻 アイヌ民族の祭礼──神々との交流』日本図書センター.

─────, 1995b,『アイヌ民族写真・絵画集成 第 4 巻 アイヌ民族の伝承──文芸・技能・遊び』日本図書センター.

吉田巖, 1956,『東北海道アイヌ古事風土記資料 第 2 篇』帯広市教育委員会.

吉田邦彦, 2011,「アイヌ民族の補償問題──民法学からの近時の有識者懇談会報告書の批判的考察」『ノモス』28: 19-47.

渡辺仁, 1972,「アイヌ文化の成立──民族・歴史・考古諸学の合流点」『考古学雑誌』58 (3): 47-64.

その他、白老におけるインタビューで入手した情報については、名前を A 氏、B 氏、…のように匿名とさせていただき、インタビューの日付を付す。

あとがき

　本書は、2001年にアメリカのシカゴ大学に提出した修士論文を基にして、日本語訳し大幅に修正を加えたものです。シカゴ大学では、日本思想史を専門とするジェームス・ケテラー（James Edward Ketelaar）教授に論文指導を賜りました。先生が講義で「北海道は大日本帝国が唯一獲得に成功した領土です」とサラッと紹介されたのを聞き、その無機質な説明を新鮮に感じたことを覚えています。論文指導においても、そのような第三者的な冷静さ——今思うと社会科学の視点——を伝えてくださいました。わたしのように出来の良くない学生にも、リサーチアシスタントやゲストスピーカーなど活躍の機会を捻出し、多面的に研究活動を支援してくださったことに感謝を申し上げます。

　修士論文を執筆してから15年以上もたってそれを刊行することになったのはひとえに東信堂の下田社長のご厚意によります。今から数年前、わたしがアイヌ研究をしていたことを話した際に興味を持ってくださり、出版しましょうと提案してくださいました。東信堂には2016年に『開発援助の介入論』を刊行した際にも大変お世話になりました。また社長ご夫妻には日頃より懇意にさせていただき心強く思っております。それに加えて本書を世に出す機会まで与えてくださったことに、心から感謝いたします。

　身に余るオファーをいただいてから、修士論文に大幅な加筆と修正を行いました。テーマを拡大し、筋書きを整え、追加調査を実施し、分量も二倍ほどになりました。修士論文では文化の動態をテーマにしていましたが、本書ではより広く社会の動態（変容）をテーマにしました。シカゴ時代以降に取り組んできた社会を重層的に捉える視点を用い、地域コミュニティとネイション（民族および国民）、そして国際社会を視点移動しながら社会変化を分析しなおしました。

　出版に向けて最も心配だったことに、本書では特定の個人を実名で紹介し、

パーソナルな体験や心情にまで踏み込んで論じていることより、それについて親族のかたたちが快く思われないのではないかという懸念がありました。そこで、白老町役場と白老アイヌ協会のご協力を得て、本書の主人公の子孫のかたたちにお会いして説明させていただきました。すると、全員が快く出版について了承してくださり、それどころか実に親身に聞き取りや資料収集にもご協力してくださいました。このことは実にありがたく、たいへん感激いたしました。加筆に必要な情報の多くも、白老のアイヌ・コミュニティのことをよく知るこの方たちのご協力によって得られました。ここで個々のお名前を公表することは控えさせていただきますが、深く感謝しております。

　また、そのような機会をもつことにご尽力いただいた白老町企画課アイヌ施策推進グループおよび白老アイヌ協会の皆様にもお礼を申し上げます。そして、アイヌ民族博物館と仙台藩白老元陣屋資料館のスタッフの方達にも多くの時間を割いていただき貴重なご教示を賜りましたこと感謝申し上げます。

　その他にもたくさんの方々からご支援をいただきました。法政大学社会学部の佐藤成基先生が主催されている国家論研究会で本書の内容について貴重なご意見とご指摘を賜りました。資料収集に際しては多くの施設やスタッフの方々にご支援いただきましたが、特に北海道道立図書館の北方資料室にはひとかたならぬご協力をいただきました。また、東京のアイヌ文化交流センターで月に一度開催されている公開講座では白老以外のアイヌの方たちの話をうかがうことができ、相対的な視点を得ることができました。法政大学と立正大学の授業で学生たちに現代的なイオマンテの是非について議論してもらったことで、関東の大学生のアイヌ民族についての意識やポテンシャルに触れることができました。他にもたくさんの方からご協力やご教示をいただきましたがすべてをここで網羅することはできそうにありません。

　たくさんのご厚意とご協力とご教示によって、また非常に長い年月を経て、一冊の本が仕上がりました。本書が白老のアイヌ・コミュニティにとって不快なものではなく、また日本の新しい「共生」社会の発展にむけて少しでもお役に立てることを祈ります。このプロジェクトを支えてくださったすべて

のみなさまに、この場をお借りして心より感謝し、お礼を申し上げます。

索引

人名索引

◎著者紹介

西谷内　博美（にしやうち　ひろみ）

　民間企業での就業を経て大学院に進学。2001 年シカゴ大学人文学研究科修士課程修了。
2005 年法政大学大学院社会科学研究科修士課程修了。2012 年法政大学大学院政策
科学研究科博士後期課程修了。博士(政策科学)。現在、関東の諸大学にて非常勤講師。
専門は環境社会学、開発社会学。

　主な著作は『開発援助の介入論――インドの河川浄化政策に見る国境と文化を越える
困難』(2016，東信堂)、「廃棄物管理における慣習の逆機能――北インド、ブリン
ダバンの事例から」(『環境社会学研究』15，2009)。

白老における「アイヌ民族」の変容――イオマンテにみる神官機能の系譜――

2018 年 1 月 20 日　　初版第 1 刷発行　　　　　　　　　　　　　　　　〔検印省略〕

＊定価はカバーに表示してあります

著　者 © 西谷内 博美　　発行者　下田勝司　　　　　　印刷・製本　中央精版印刷

東京都文京区向丘 1-20-6　郵便振替 00110-6-37828
〒 113-0023　　TEL 03-3818-5521（代）　FAX 03-3818-5514　　　　　　　発行所
E-Mail tk203444@fsinet.or.jp　　　　　　　　　　　　株式会社 東信堂
Homepage http://www.toshindo-pub.com
Published by TOSHINDO PUBLISHING CO.,LTD.
1-20-6, Mukougaoka, Bunkyo-ku, Tokyo, 113-0023, Japan

ISBN978-4-7989-1450-3　　C3036 ©2018 Nishiyauchi Hiromi

東信堂

日本コミュニティ政策の検証 —自治体内分権と地域自治へ向けて(コミュニティ政策叢書1) 山崎仁朗編著 四六〇〇円

高齢者退職後生活の質的創造 —アメリカ地域コミュニティの事例(コミュニティ政策叢書2) 加藤泰子 三七〇〇円

原発災害と地元コミュニティ —福島県川内村奮闘記(コミュニティ政策叢書3) 鳥越皓之編著 三六〇〇円

東京は世界最悪の災害危険都市 —日本の主要都市の自然災害リスク 水谷武司 二〇〇〇円

被災と避難の社会学 松井克浩 三二〇〇円

故郷喪失と再生への時間 —新潟県への原発避難と支援の社会学 関礼子編著 三二〇〇円

豊田とトヨタ —産業グローバル化先進地域の現在 丹辺宣彦・山口博史・岡村徹也編著 四六〇〇円

社会階層と集団形成の変容 —集合行為と「物象化」のメカニズム 丹辺宣彦 六五〇〇円

都市社会計画の思想と展開 橋本和孝・藤田弘夫・吉原直樹編著 二三〇〇円

世界の都市社会計画 —グローバル時代の都市社会計画 橋本和孝・藤田弘夫・吉原直樹編著 二三〇〇円

(アーバン・ソーシャル・プランニングを考える・全2巻)

【地域社会学講座 全3巻】

地域社会学の視座と方法 似田貝香門監修 二五〇〇円

グローバリゼーション/ポスト・モダンと地域社会 古城利明監修 二五〇〇円

地域社会の政策とガバナンス 岩崎信彦・矢澤澄子監修 二七〇〇円

(シリーズ防災を考える・全6巻)

防災の社会学【第二版】 —防災コミュニティの社会設計へ向けて 吉原直樹編 三八〇〇円

防災の心理学—ほんとうの安心とは何か 仁平義明編 三二〇〇円

防災の法と仕組み 生田長人編 三二〇〇円

防災教育の展開 今村文彦編 三二〇〇円

防災と都市・地域計画 増田聡編 続刊

防災の歴史と文化 平川新編 続刊

〒113-0023　東京都文京区向丘1-20-6　TEL 03-3818-5521　FAX03-3818-5514　振替 00110-6-37828
Email tk203444@fsinet.or.jp　URL·http://www.toshindo-pub.com/

※定価：表示価格（本体）＋税

東信堂

〒113-0023　東京都文京区向丘 1-20-6　　TEL 03-3818-5521　FAX03-3818-5514　振替 00110-6-37828
Email tk203444@fsinet.or.jp　URL:http://www.toshindo-pub.com/

※定価：表示価格（本体）＋税

東信堂

「居住福祉資源」の思想——生活空間原論序説	早川和男	二九〇〇円
検証 公団居住60年——《居住は権利》公共住宅を守るたたかい	多和田栄治	二八〇〇円
〔居住福祉ブックレット〕		
居住福祉資源発見の旅‥新しい福祉空間、懐かしい癒しの場	早川和男	七〇〇円
どこへ行く住宅政策‥進む市場化、なくなる居住のセーフティネット	本間義人	七〇〇円
漢字の語源にみる居住福祉の思想	李桓	七〇〇円
日本の居住政策と障害をもつ人	大本圭野	七〇〇円
障害者・高齢者と麦の郷のこころ‥住民、そして地域とともに	加藤直樹・中藤静美	七〇〇円
地場工務店とともに‥健康住宅普及への途	山本里美見人	七〇〇円
子どもの道くさ	水月昭道	七〇〇円
居住福祉法学の構想	吉田邦彦	七〇〇円
奈良町の暮らしと福祉‥市民主体のまちづくり	黒田睦子	七〇〇円
精神科医がめざす近隣力再建‥進む「子育て」砂漠化、はびこる「付き合い拒否」症候群	中澤正夫	七〇〇円
住むことは生きること‥鳥取県西部地震と住宅再建支援	片山善博	七〇〇円
最下流ホームレス村から日本を見れば	ありむら潜	七〇〇円
世界の借家人運動‥あなたは住まいのセーフティネットを信じられますか？	髙島一夫	七〇〇円
「居住福祉学」の理論的構築	張秀萍・柳中権	七〇〇円
居住福祉資源発見の旅Ⅱ‥地域の福祉力・教育力・防災力	早川和男	七〇〇円
居住福祉の世界‥早川和男対談集	早川和男	七〇〇円
医療・福祉の沢内と地域演劇の湯田‥岩手県西和賀町のまちづくり	高橋典成	八〇〇円
「居住福祉資源」の経済学	金持伸子	七〇〇円
長生きマンション・長生き団地	神野武美	七〇〇円
高齢社会の住まいづくり・まちづくり	千代崎・山下千佳	七〇〇円
シックハウス病とのたたかい‥その予防・治療・撲滅のために	後藤允武	七〇〇円
韓国・居住貧困とのたたかい‥居住福祉の実践を歩く	全泓奎	七〇〇円
精神障碍者の居住福祉‥宇和島における実践（二〇〇六〜二〇一一）	財団法人正光会 編	七〇〇円

〒113-0023　東京都文京区向丘1-20-6　TEL 03-3818-5521　FAX03-3818-5514　振替 00110-6-37828
Email tk203444@fsinet.or.jp　URL:http://www.toshindo-pub.com/

※定価：表示価格（本体）＋税

東信堂

放送大学中国・四国ブロック学習センター編
放送大学に学んで —未来を拓く学びの軌跡 ……… 二〇〇〇円

ソーシャルキャピタルと生涯学習 J・フィールド／矢野裕俊監訳 ……… 二五〇〇円

NPOの公共性と生涯学習のガバナンス —コミュニティワークの教育的実践 高橋満 ……… 二八〇〇円

学級規模と指導方法の社会学 —実態と教育効果 高橋満 ……… 二〇〇〇円

高等専修学校における適応と進路 —後期中等教育のセーフティネット 山崎博敏 ……… 三二〇〇円

伊藤秀樹 ……… 四六〇〇円

「夢追い」型進路形成の功罪 —高校改革の社会学 荒川葉 ……… 二八〇〇円

進路形成に対する「在り方生き方指導」の功罪 —高校進路指導の社会学 望月由起 ……… 三六〇〇円

教育から職業へのトランジション —若者の就労と進路職業選択の社会学 山内乾史編著 ……… 二六〇〇円

学力格差拡大の社会学的研究 —小中学生への追跡的学力調査結果が示すもの 中西啓喜 ……… 二四〇〇円

教育と不平等の社会理論 —再生産論をこえて 小内透 ……… 三二〇〇円

〈シリーズ 日本の教育を問いなおす〉
拡大する社会格差に挑む教育 加野芳正編著 ……… 二四〇〇円

マナーと作法の社会学 矢野智司編著 ……… 二四〇〇円

マナーと作法の人間学 西村和雄・大森不二雄・倉元直樹・木村拓也編 ……… 二四〇〇円

混迷する評価の時代 —教育評価を根底から問う 倉元直樹・木村拓也編 ……… 二四〇〇円

教育における評価とモラル 西村和雄・大森不二雄・倉元直樹・木村拓也編 ……… 二四〇〇円

《大転換期と教育社会構造：地域社会変革の学習社会論的考察》 西村信之編

第1巻 **教育社会史** —日本とイタリアと 小林甫 ……… 七八〇〇円

第2巻 **現代的教養 I** —生活者生涯学習の地域的展開 小林甫 ……… 六八〇〇円

第2巻 **現代的教養 II** —技術者生涯学習の生成と展望 小林甫 ……… 六八〇〇円

第3巻 **学習力変革** —地域自治と社会構築 小林甫 ……… 近刊

第4巻 **社会共生力** —東アジアと成人学習 小林甫 ……… 近刊

〒113-0023　東京都文京区向丘 1-20-6　TEL 03-3818-5521　FAX03-3818-5514　振替 00110-6-37828
Email tk203444@fsinet.or.jp　URL:http://www.toshindo-pub.com/
※定価：表示価格（本体）＋税

東信堂

〒113-0023　東京都文京区向丘1-20-6　TEL 03-3818-5521　FAX03-3818-5514　振替 00110-6-37828
Email tk203444@fsinet.or.jp　URL:http://www.toshindo-pub.com/

※定価：表示価格（本体）＋税

東信堂

書名	著者・訳者	価格
オックスフォード キリスト教美術・建築事典	P&L・マレー著 中森義宗監訳	三〇〇〇〇円
イタリア・ルネサンス事典	J・R・ヘイル編 中森義宗監訳	七八〇〇円
美術史の辞典	P・デューロ他 中森義宗・清水忠訳他	三六〇〇円
涙と眼の文化史 —中世ヨーロッパの	徳井淑子	三六〇〇円
青を着る人びと —標章と恋愛思想	伊藤亜紀	三五〇〇円
社会表象としての服飾 —近代フランスにおける異性装の研究	新實五穂	三六〇〇円

書名	著者・訳者	価格
書に想い 時代を讀む	河田悌一	一八〇〇円
日本人画工 牧野義雄 —平治ロンドン日記	ますこ ひろしげ	五四〇〇円
美を究め美に遊ぶ —芸術と社会のあわい	田野厚佳 荻江冨紀子編著	二八〇〇円
バロックの魅力	小穴晶子編	二六〇〇円
新版 ジャクソン・ポロック	藤枝晃雄	二六〇〇円
西洋児童美術教育の思想 —ドローイングは豊かな感性と創造性を育むか？	要真理子監訳 前田茂監訳	三六〇〇円
ロジャー・フライの批評理論 —知性と感受性の間で	要真理子	四二〇〇円
レオノール・フィニ —境界を侵犯する新しい種	尾形希和子	二八〇〇円

【世界美術双書】

バルビゾン派	井出洋一郎	二〇〇〇円
キリスト教シンボル図典	中森義宗	二三〇〇円
パルテノンとギリシア陶器	関隆志	二三〇〇円
中国の版画 —唐代から清代まで	小林宏光	二三〇〇円
象徴主義 —モダニズムへの警鐘	中村隆夫	二三〇〇円
中国の仏教美術 —後漢代から元代まで	久野美樹	二三〇〇円
セザンヌとその時代	浅野春男	二三〇〇円
日本の南画	武田光一	二三〇〇円
画家とふるさと	小林忠	二三〇〇円
ドイツの国民記念碑 —一八一三—	大原まゆみ	二三〇〇円
日本・アジア美術探索 —一九一三年	永井信一	二三〇〇円
インド、チョーラ朝の美術	袋井由布子	二三〇〇円
古代ギリシアのブロンズ彫刻	羽田康一	二三〇〇円

〒113-0023　東京都文京区向丘1-20-6　TEL 03-3818-5521　FAX03-3818-5514　振替 00110-6-37828
Email tk203444@fsinet.or.jp　URL:http://www.toshindo-pub.com/
※定価：表示価格（本体）＋税